*Das 3. Geschichtsbuch
aus dem Neuen Testament der Bibel*

Das Evangelium nach Lukas

*Jesus Christus -
Der mitfühlende Retter*

*Übersetzung nach
Martin Luther 1545*

Bibliografische Information der Deutschen Nationalbibliothek:
Die Deutsche Nationalbibliothek verzeichnet diese Publikation in der Deutschen Nationalbibliografie; detaillierte bibliografische Daten sind im Internet über http://dnb.dnb.de abrufbar.

TWENTYSIX
Eine Marke der Books on Demand GmbH

Herstellung und Verlag:
BoD – Books on Demand, Norderstedt

ISBN: 978-3-740-76944-4

Übersetzung: **Martin Luther 1545**

Layout, Schriftsatz, Formatierung:
Antonia Katharina Tessnow
www.antonia-katharina.de

1. Kapitel

*Eingang. Ankündigung der Geburt des Täufers Johannes und Christi.
Loblied der Maria.
Geburt und Beschneidung des Johannes.
Des Zacharias Lobgesang.*

1 Sintemal sich's viele unterwunden haben, Bericht zu geben von den Geschichten, so unter uns ergangen sind,

2 wie uns das gegeben haben, die es von Anfang selbst gesehen und Diener des Worts gewesen sind:

3 habe ich's auch für gut angesehen, nachdem ich's alles von Anbeginn mit Fleiß erkundet habe, daß ich's dir, mein guter Theophilus, in Ordnung schriebe,

4 auf das du gewissen Grund erfahrest der Lehre, in welcher du unterrichtet bist.

5 Zu der Zeit des Herodes, des Königs von Judäa, war ein Priester von der Ordnung Abia, mit Namen Zacharias, und sein Weib war von den Töchtern Aarons, welche hieß Elisabeth.

6 Sie waren aber alle beide fromm vor Gott und wandelten in allen Geboten und Satzungen des HERRN untadelig.

7 Und sie hatten kein Kind; denn Elisabeth war unfruchtbar, und waren beide wohl betagt.

8 Und es begab sich, da er des Priesteramtes pflegte vor Gott zur Zeit seiner Ordnung,

9 nach Gewohnheit des Priestertums, und an ihm war, daß er räuchern sollte, ging er in den Tempel des HERRN.

10 Und die ganze Menge des Volks war draußen und betete unter der Stunde des Räucherns.

11 Es erschien ihm aber der Engel des HERRN und stand zur rechten Hand am Räucheraltar.

12 Und als Zacharias ihn sah, erschrak er, und es kam ihn eine Furcht an.

13 Aber der Engel sprach zu ihm: Fürchte dich nicht, Zacharias! denn dein Gebet ist erhört, und dein Weib Elisabeth wird dir einen Sohn gebären, des Namen sollst du Johannes heißen.

14 Und du wirst des Freude und Wonne haben, und viele werden sich seiner

Geburt freuen.

15 Denn er wird groß sein vor dem HERRN; Wein und starkes Getränk wird er nicht trinken und wird noch im Mutterleibe erfüllt werden mit dem heiligen Geist.

16 Und er wird der Kinder Israel viele zu Gott, ihrem HERRN, bekehren.

17 Und er wird vor ihm her gehen im Geist und Kraft des Elia, zu bekehren die Herzen der Väter zu den Kindern und die Ungläubigen zu der Klugheit der Gerechten, zuzurichten dem HERRN ein bereitet Volk.

18 Und Zacharias sprach zu dem Engel: Wobei soll ich das erkennen? Denn ich bin alt und mein Weib ist betagt.

19 Der Engel antwortete und sprach zu ihm: Ich bin Gabriel, der vor Gott steht, und bin gesandt, mit dir zu reden, daß ich dir solches verkündigte.

20 Und siehe, du wirst verstummen und nicht reden können bis auf den Tag, da dies geschehen wird, darum daß du meinen Worten nicht geglaubt hast, welche sollen erfüllt werden zu ihrer Zeit.

21 Und das Volk wartete auf Zacharias

und verwunderte sich, daß er so lange im Tempel verzog.

22 Und da er herausging, konnte er nicht mit ihnen reden; und sie merkten, daß er ein Gesicht gesehen hatte im Tempel. Und er winkte ihnen und blieb stumm.

23 Und es begab sich, da die Zeit seines Amts aus war, ging er heim in sein Haus.

24 Und nach den Tagen ward sein Weib Elisabeth schwanger und verbarg sich fünf Monate und sprach:

25 Also hat mir der HERR getan in den Tagen, da er mich angesehen hat, daß er meine Schmach unter den Menschen von mir nähme.

26 Und im sechsten Monat ward der Engel Gabriel gesandt von Gott in eine Stadt in Galiläa, die heißt Nazareth,

27 zu einer Jungfrau, die vertraut war einem Manne mit Namen Joseph, vom Hause David: und die Jungfrau hieß Maria.

28 Und der Engel kam zu ihr hinein und sprach: Gegrüßet seist du, Holdselige! Der HERR ist mit dir, du Gebenedeite unter den Weibern!

29 Da sie aber ihn sah, erschrak sie über

seine Rede und gedachte: Welch ein Gruß ist das?

30 Und der Engel sprach zu ihr: Fürchte dich nicht, Maria! du hast Gnade bei Gott gefunden.

31 Siehe, du wirst schwanger werden und einen Sohn gebären, des Namen sollst du Jesus heißen.

32 Der wird groß sein und ein Sohn des Höchsten genannt werden; und Gott der HERR wird ihm den Stuhl seines Vaters David geben;

33 und er wird ein König sein über das Haus Jakob ewiglich, und seines Königreiches wird kein Ende sein.

34 Da sprach Maria zu dem Engel: Wie soll das zugehen, da ich von keinem Manne weiß?

35 Der Engel antwortete und sprach zu ihr: Der heilige Geist [*Ein* heiliger Geist (1)] wird über dich kommen, und die Kraft des Höchsten wird dich überschatten; darum wird auch das Heilige, das von dir geboren wird, Gottes Sohn genannt werden.

36 Und siehe, Elisabeth, deine Gefreunde, ist auch schwanger mit einem

Sohn in ihrem Alter und geht jetzt im sechsten Monat, von der man sagt, daß sie unfruchtbar sei.

37 Denn bei Gott ist kein Ding unmöglich.

38 Maria aber sprach: Siehe ich bin des HERRN Magd; mir geschehe, wie du gesagt hast. Und der Engel schied von ihr.

39 Maria aber stand auf in den Tagen und ging auf das Gebirge eilends zu der Stadt Juda's

40 und kam in das Haus des Zacharias und grüßte Elisabeth.

41 Und es begab sich, als Elisabeth den Gruß Marias hörte, hüpfte das Kind in ihrem Leibe. Und Elisabeth ward des heiligen Geistes voll [und Elisabeth wurde mit *einem* heiligen Geist erfüllt (2)]

42 und rief laut und sprach: Gebenedeit bist du unter den Weibern, und gebenedeit ist die Frucht deines Leibes!

43 Und woher kommt mir das, daß die Mutter meines HERRN zu mir kommt?

44 Siehe, da ich die Stimme deines Grußes hörte, hüpfte mit Freuden das Kind in meinem Leibe.

45 Und o selig bist du, die du geglaubt hast! denn es wird vollendet werden, was dir gesagt ist von dem HERRN.

46 Und Maria sprach: Meine Seele erhebt den HERRN,

47 und mein Geist freuet sich Gottes, meines Heilands;

48 denn er hat die Niedrigkeit seiner Magd angesehen. Siehe, von nun an werden mich selig preisen alle Kindeskinder;

49 denn er hat große Dinge an mir getan, der da mächtig ist und des Name heilig ist.

50 Und seine Barmherzigkeit währet immer für und für bei denen, die ihn fürchten.

51 Er übet Gewalt mit seinem Arm und zerstreut, die hoffärtig sind in ihres Herzens Sinn.

52 Er stößt die Gewaltigen vom Stuhl und erhebt die Niedrigen.

53 Die Hungrigen füllt er mit Gütern und läßt die Reichen leer.

54 Er denkt der Barmherzigkeit und hilft seinem Diener Israel wieder auf,

55 wie er geredet hat unsern Vätern,

Abraham und seinem Samen ewiglich.

56 Und Maria blieb bei ihr bei drei Monaten; darnach kehrte sie wiederum heim.

57 Und Elisabeth kam ihre Zeit, daß sie gebären sollte; und sie gebar einen Sohn.

58 Und ihre Nachbarn und Gefreunde hörten, daß der HERR große Barmherzigkeit an ihr getan hatte, und freuten sich mit ihr.

59 Und es begab sich am achten Tage, da kamen sie, zu beschneiden das Kindlein, und hießen ihn nach seinem Vater Zacharias.

60 Aber seine Mutter antwortete und sprach: Mitnichten, sondern er soll Johannes heißen.

61 Und sie sprachen zu ihr: Ist doch niemand in deiner Freundschaft, der also heiße.

62 Und sie winkten seinem Vater, wie er ihn wollte heißen lassen.

63 Und er forderte ein Täfelein und schrieb also: Er heißt Johannes. Und sie verwunderten sich alle.

64 Und alsbald ward sein Mund und seine Zunge aufgetan, und er redete und

lobte Gott.

65 Und es kam eine Furcht über alle Nachbarn; und die ganze Geschichte ward ruchbar auf dem ganzen jüdischen Gebirge.

66 Und alle, die es hörten, nahmen's zu Herzen und sprachen: Was, meinst du, will aus dem Kindlein werden? Denn die Hand des HERRN war mit ihm.

67 Und sein Vater Zacharias ward des heiligen Geistes voll, weissagte und sprach:

68 Gelobet sei der HERR, der Gott Israels! denn er hat besucht und erlöst sein Volk

69 und hat uns aufgerichtet ein Horn des Heils in dem Hause seines Dieners David,

70 wie er vorzeiten geredet hat durch den Mund des Propheten:

71 daß er uns errettete von unseren Feinden und von der Hand aller, die uns hassen,

72 und Barmherzigkeit erzeigte unsern Vätern und gedächte an seinen heiligen Bund

73 und an den Eid, den er geschworen hat unserm Vater Abraham, uns zu

geben,

74 daß wir, erlöst aus der Hand unserer Feinde, ihm dienten ohne Furcht unser Leben lang

75 in Heiligkeit und Gerechtigkeit, die ihm gefällig ist.

76 Und du, Kindlein, wirst ein Prophet des Höchsten heißen. Du wirst vor dem HERRN her gehen, daß du seinen Weg bereitest

77 und Erkenntnis des Heils gebest seinem Volk, das da ist in Vergebung ihrer Sünden;

78 durch die herzliche Barmherzigkeit unsers Gottes, durch welche uns besucht hat der Aufgang aus der Höhe,

79 auf daß er erscheine denen, die da sitzen in Finsternis und Schatten des Todes, und richte unsere Füße auf den Weg des Friedens.

80 Und das Kindlein wuchs und ward stark im Geist; und er war in der Wüste, bis daß er sollte hervortreten vor das Volk Israel.

2. Kapitel

Christi Geburt, Beschneidung und Darstellung. Simeon und Hanna. Der zwölfjährige Jesus im Tempel; seine Jugendzeit in Nazareth.

1 Es begab sich aber zu der Zeit, daß ein Gebot von dem Kaiser Augustus ausging, daß alle Welt geschätzt würde.

2 Und diese Schätzung war die allererste und geschah zu der Zeit, da Cyrenius Landpfleger von Syrien war.

3 Und jedermann ging, daß er sich schätzen ließe, ein jeglicher in seine Stadt.

4 Da machte sich auch auf Joseph aus Galiläa, aus der Stadt Nazareth, in das jüdische Land zur Stadt Davids, die da heißt Bethlehem, darum daß er von dem Hause und Geschlechte Davids war,

5 auf daß er sich schätzen ließe mit Maria, seinem vertrauten Weibe, die ward schwanger.

6 Und als sie daselbst waren, kam die Zeit, da sie gebären sollte.

7 Und sie gebar ihren ersten Sohn und

wickelte ihn in Windeln und legte ihn in eine Krippe; denn sie hatten sonst keinen Raum in der Herberge.

8 Und es waren Hirten in derselben Gegend auf dem Felde bei den Hürden, die hüteten des Nachts ihre Herde.

9 Und siehe, des HERRN Engel trat zu ihnen, und die Klarheit des HERRN leuchtete um sie; und sie fürchteten sich sehr.

10 Und der Engel sprach zu ihnen: Fürchtet euch nicht! siehe, ich verkündige euch große Freude, die allem Volk widerfahren wird;

11 denn euch ist heute der Heiland geboren, welcher ist Christus, der HERR, in der Stadt Davids.

12 Und das habt zum Zeichen: ihr werdet finden das Kind in Windeln gewickelt und in einer Krippe liegen.

13 Und alsbald war da bei dem Engel die Menge der himmlischen Heerscharen, die lobten Gott und sprachen:

14 Ehre sei Gott in der Höhe und Frieden auf Erden und den Menschen ein Wohlgefallen.

15 Und da die Engel von ihnen gen

Himmel fuhren, sprachen die Hirten untereinander: Laßt uns nun gehen gen Bethlehem und die Geschichte sehen, die da geschehen ist, die uns der HERR kundgetan hat.

16 Und sie kamen eilend und fanden beide, Maria und Joseph, dazu das Kind in der Krippe liegen.

17 Da sie es aber gesehen hatten, breiteten sie das Wort aus, welches zu ihnen von diesem Kinde gesagt war.

18 Und alle, vor die es kam, wunderten sich der Rede, die ihnen die Hirten gesagt hatten.

19 Maria aber behielt alle diese Worte und bewegte sie in ihrem Herzen.

20 Und die Hirten kehrten wieder um, priesen und lobten Gott um alles, was sie gehört und gesehen hatten, wie denn zu ihnen gesagt war.

21 Und da acht Tage um waren, daß das Kind beschnitten würde, da ward sein Name genannt Jesus, welcher genannt war von dem Engel, ehe denn er in Mutterleibe empfangen ward.

22 Und da die Tage ihrer Reinigung nach dem Gesetz Mose's kamen,

brachten sie ihn gen Jerusalem, auf daß sie ihn darstellten dem HERRN

23 (wie denn geschrieben steht in dem Gesetz des HERRN: "Allerlei männliches, das zum ersten die Mutter bricht, soll dem HERRN geheiligt heißen")

24 und das sie gäben das Opfer, wie es gesagt ist im Gesetz des HERRN: "Ein Paar Turteltauben oder zwei junge Tauben."

25 Und siehe, ein Mensch war zu Jerusalem, mit Namen Simeon; und derselbe Mensch war fromm und gottesfürchtig und wartete auf den Trost Israels, und der heilige Geist war in ihm.

26 Und ihm war eine Antwort geworden von dem heiligen Geist, er sollte den Tod nicht sehen, er hätte denn zuvor den Christus des HERRN gesehen.

27 Und er kam aus Anregen des Geistes in den Tempel. Und da die Eltern das Kind Jesus in den Tempel brachten, daß sie für ihn täten, wie man pflegt nach dem Gesetz,

28 da nahm er ihn auf seine Arme und lobte Gott und sprach:

29 HERR, nun läßt du deinen Diener in

Frieden fahren, wie du gesagt hast;

30 denn meine Augen haben deinen Heiland gesehen,

31 welchen du bereitest hast vor allen Völkern,

32 ein Licht, zu erleuchten die Heiden, und zum Preis deines Volkes Israel.

33 Und sein Vater und seine Mutter wunderten sich des, das von ihm geredet ward.

34 Und Simeon segnete sie und sprach zu Maria, seiner Mutter: Siehe, dieser wird gesetzt zu einem Fall und Auferstehen vieler in Israel und zu einem Zeichen, dem widersprochen wird

35 (und es wird ein Schwert durch deine Seele dringen), auf daß vieler Herzen Gedanken offenbar werden.

36 Und es war eine Prophetin, Hanna, eine Tochter Phanuels, vom Geschlecht Asser; die war wohl betagt und hatte gelebt sieben Jahre mit ihrem Manne nach ihrer Jungfrauschaft

37 und war nun eine Witwe bei vierundachtzig Jahren; die kam nimmer vom Tempel, diente Gott mit Fasten und Beten Tag und Nacht.

38 Die trat auch hinzu zu derselben Stunde und pries den HERRN und redete von ihm zu allen, die da auf die Erlösung zu Jerusalem warteten.

39 Und da sie alles vollendet hatten nach dem Gesetz des HERRN, kehrten sie wieder nach Galiläa zu ihrer Stadt Nazareth.

40 Aber das Kind wuchs und ward stark im Geist, voller Weisheit, und Gottes Gnade war bei ihm.

41 Und seine Eltern gingen alle Jahre gen Jerusalem auf das Osterfest.

42 Und da er zwölf Jahre alt war, gingen sie hinauf gen Jerusalem nach der Gewohnheit des Festes.

43 Und da die Tage vollendet waren und sie wieder nach Hause gingen, blieb das Kind Jesus zu Jerusalem, und seine Eltern wußten's nicht.

44 Sie meinten aber, er wäre unter den Gefährten, und kamen eine Tagereise weit und suchten ihn unter den Gefreunden und Bekannten.

45 Und da sie ihn nicht fanden, gingen sie wiederum gen Jerusalem und suchten ihn.

46 Und es begab sich, nach drei Tagen fanden sie ihn im Tempel sitzen mitten unter den Lehrern, wie er ihnen zuhörte und sie fragte.

47 Und alle, die ihm zuhörten, verwunderten sich seines Verstandes und seiner Antworten.

48 Und da sie ihn sahen, entsetzten sie sich. Seine Mutter aber sprach zu ihm: Mein Sohn, warum hast du uns das getan? Siehe, dein Vater und ich haben dich mit Schmerzen gesucht.

49 Und er sprach zu ihnen: Was ist's, daß ihr mich gesucht habt? Wisset ihr nicht, daß ich sein muß in dem, das meines Vaters ist?

50 Und sie verstanden das Wort nicht, das er mit ihnen redete.

51 Und er ging mit ihnen hinab und kam gen Nazareth und war ihnen untertan. Und seine Mutter behielt alle diese Worte in ihrem Herzen.

52 Und Jesus nahm zu an Weisheit, Alter und Gnade bei Gott und den Menschen.

3. Kapitel

Des Johannes Bußpredigt und Zeugnis von Christus. Taufe und Geschlechtsregister Jesu.

1 In dem fünfzehnten Jahr des Kaisertums Kaisers Tiberius, da Pontius Pilatus Landpfleger in Judäa war und Herodes ein Vierfürst in Galiläa und sein Bruder Philippus ein Vierfürst in Ituräa und in der Gegend Trachonitis und Lysanias ein Vierfürst zu Abilene,

2 da Hannas und Kaiphas Hohepriester waren: da geschah der Befehl Gottes zu Johannes, des Zacharias Sohn, in der Wüste.

3 Und er kam in alle Gegend um den Jordan und predigte die Taufe der Buße zur Vergebung Sünden,

4 wie geschrieben steht in dem Buch der Reden Jesaja's, des Propheten, der da sagt: "Es ist eine Stimme eines Predigers in der Wüste: Bereitet den Weg des HERRN und macht seine Steige richtig!

5 Alle Täler sollen voll werden, und alle Berge und Hügel erniedrigt werden; und was krumm ist, soll richtig werden, und

was uneben ist, soll schlichter Weg werden.

6 Und alles Fleisch wird den Heiland Gottes sehen."

7 Da sprach er zu dem Volk, das hinausging, daß sich von ihm Taufen ließe: Ihr Otterngezüchte, wer hat denn euch gewiesen, daß ihr dem zukünftigen Zorn entrinnen werdet?

8 Sehet zu, tut rechtschaffene Früchte der Buße und nehmt euch nicht vor, zu sagen: Wir haben Abraham zum Vater. Denn ich sage euch: Gott kann dem Abraham aus diesen Steinen Kinder erwecken.

9 Es ist schon die Axt den Bäumen an die Wurzel gelegt; welcher Baum nicht gute Frucht bringt, wird abgehauen und in das Feuer geworfen.

10 Und das Volk fragte ihn und sprach: Was sollen wir denn tun?

11 Er antwortete aber und sprach zu ihnen: Wer zwei Röcke hat, der gebe dem, der keinen hat; und wer Speise hat, der tue auch also.

12 Es kamen auch die Zöllner, daß sie sich taufen ließen, und sprachen zu ihm:

Meister, was sollen denn wir tun?

13 Er sprach zu ihnen: Fordert nicht mehr, denn gesetzt ist.

14 Da fragten ihn auch die Kriegsleute und sprachen: Was sollen denn wir tun? Und er sprach zu ihnen: Tut niemand Gewalt noch Unrecht und laßt euch genügen an eurem Solde.

15 Als aber das Volk im Wahn war und dachten in ihren Herzen von Johannes, ob er vielleicht Christus wäre,

16 antwortete Johannes und sprach zu allen: Ich taufe euch mit Wasser; es kommt aber ein Stärkerer nach mir, dem ich nicht genugsam bin, daß ich die Riemen seiner Schuhe auflöse; der wird euch mit dem heiligen Geist und mit Feuer taufen.

17 In seiner Hand ist die Wurfschaufel, und er wird seine Tenne fegen und wird den Weizen in seine Scheuer sammeln, und die Spreu wird er mit dem ewigen Feuer verbrennen.

18 Und viel anderes mehr ermahnte er das Volk und verkündigte ihnen das Heil.

19 Herodes aber, der Vierfürst, da er von ihm gestraft ward um der Herodias

willen, seines Bruders Weib, und um alles Übels willen, das Herodes tat,

20 legte er über das alles Johannes gefangen.

21 Und es begab sich, da sich alles Volk taufen ließ und Jesus auch getauft war und betete, daß sich der Himmel auftat

22 und der heilige Geist fuhr hernieder [e*in* heiliger Geist fuhr hernieder (3)] in leiblicher Gestalt auf ihn wie eine Taube und eine Stimme kam aus dem Himmel, die sprach: Du bist mein lieber Sohn, an dem ich Wohlgefallen habe.

23 Und Jesus war, da er anfing, ungefähr dreißig Jahre alt, und ward gehalten für einen Sohn Josephs, welcher war ein Sohn Eli's,

24 der war ein Sohn Matthats, der war ein Sohn Levis, der war ein Sohn Melchis, der war ein Sohn Jannas, der war ein Sohn Josephs,

25 der war ein Sohn des Mattathias, der war ein Sohn des Amos, der war ein Sohn Nahums, der war ein Sohn Eslis, der war ein Sohn Nangais,

26 der war ein Sohn Maaths, der war ein Sohn des Mattathias, der war ein Sohn

Simeis, der war ein Sohn Josechs, der war ein Sohn Juda's,

27 der war ein Sohn Johanans, der war ein Sohn Resas, der war ein Sohn Serubabels, der war ein Sohn Sealthiels, der war ein Sohn Neris,

28 der war ein Sohn Melchis, der war ein Sohn Addis, der war ein Sohn Kosams, der war ein Sohn Elmadams, der war ein Sohn Hers,

29 der war ein Sohn des Jesus, der war ein Sohn Eliesers, der war ein Sohn Jorems, der war ein Sohn Matthats, der war ein Sohn Levis,

30 der war ein Sohn Simeons, der war ein Sohn Judas, der war ein Sohn Josephs, der war ein Sohn Jonams, der war ein Sohn Eliakims,

31 der war ein Sohn Meleas, der war ein Sohn Menams, der war ein Sohn Mattathans, der war ein Sohn Nathans, der war ein Sohn Davids,

32 der war ein Sohn Jesses, der war ein Sohn Obeds, der war ein Sohn des Boas, der war ein Sohn Salmas, der war ein Sohn Nahessons,

33 der war ein Sohn Amminadabs, der

war ein Sohn Rams, der war ein Sohn Hezrons, der war ein Sohn des Perez, der war ein Sohn Juda's,

34 der war ein Sohn Jakobs, der war ein Sohn Isaaks, der war ein Sohn Abrahams, der war ein Sohn Tharahs, der war ein Sohn Nahors,

35 der war ein Sohn Serugs, der war ein Sohn Regus, der war ein Sohn Pelegs, der war ein Sohn Ebers, der war ein Sohn Salahs,

36 der war ein Sohn Kenans, der war ein Sohn Arphachsads, der war ein Sohn Sems, der war ein Sohn Noahs, der war ein Sohn Lamechs,

37 der war ein Sohn Methusalahs, der war ein Sohn Henochs, der war ein Sohn Jareds, der war ein Sohn Mahalaleels, der war ein Sohn Kenans,

38 der war ein Sohn des Enos, der war ein Sohn Seths, der war ein Sohn Adams, der war Gottes.

4. Kapitel

Versuchung Christi. Predigt zu Nazareth. Er heilt einen Besessenen, des Petrus Schwiegermutter und viele Kranke.

1 Jesus aber, voll des heiligen Geistes, kam wieder von dem Jordan und ward vom Geist in die Wüste geführt

2 und ward vierzig Tage lang vom Teufel versucht. Und er aß nichts in diesen Tagen; und da sie ein Ende hatten, hungerte ihn darnach.

3 Der Teufel aber sprach zu ihm: Bist du Gottes Sohn, so sprich zu dem Stein, daß er Brot werde.

4 Und Jesus antwortete und sprach zu ihm: Es steht geschrieben: "Der Mensch lebt nicht allein vom Brot, sondern von einem jeglichen Wort Gottes."

5 Und der Teufel führte ihn auf einen hohen Berg und zeigte ihm alle Reiche der ganzen Welt in einem Augenblick

6 und sprach zu ihm: Alle diese Macht will ich dir geben und ihre Herrlichkeit; denn sie ist mir übergeben, und ich gebe sie, welchem ich will.

7 So du nun mich willst anbeten, so soll es alles dein sein.

8 Jesus antwortete ihm und sprach: Es steht geschrieben: "Du sollst Gott, deinen HERRN, anbeten und ihm allein dienen."

9 Und er führte ihn gen Jerusalem und stellte ihn auf des Tempels Zinne und sprach zu ihm: Bist du Gottes Sohn, so laß dich von hinnen hinunter

10 denn es steht geschrieben: "Er wird befehlen seinen Engeln von dir, daß sie dich bewahren

11 und auf den Händen tragen, auf daß du nicht etwa deinen Fuß an einen Stein stößt."

12 Jesus antwortete und sprach zu ihm: Es ist gesagt: "Du sollst Gott, deinen HERRN, nicht versuchen."

13 Und da der Teufel alle Versuchung vollendet hatte, wich er von ihm eine Zeitlang.

14 Und Jesus kam wieder in des Geistes Kraft nach Galiläa; und das Gerücht erscholl von ihm durch alle umliegenden Orte.

15 Und er lehrte in ihren Schulen und ward von jedermann gepriesen.

16 Und er kam gen Nazareth, da er erzogen war, und ging in die Schule nach seiner Gewohnheit am Sabbattage und stand auf und wollte lesen.

17 Da ward ihm das Buch des Propheten Jesaja gereicht. Und da er das Buch auftat, fand er den Ort, da geschrieben steht:

18 "Der Geist des HERRN ist bei mir, darum, daß er mich gesalbt hat; er hat mich gesandt, zu verkündigen das Evangelium den Armen, zu heilen die zerstoßenen Herzen, zu predigen den Gefangenen, daß sie los sein sollten, und den Blinden das Gesicht und den Zerschlagenen, daß sie frei und ledig sein sollen,

19 und zu verkündigen das angenehme Jahr des HERRN."

20 Und als er das Buch zutat, gab er's dem Diener und setzte sich. Und aller Augen, die in der Schule waren, sahen auf ihn.

21 Und er fing an, zu sagen zu ihnen: Heute ist diese Schrift erfüllt vor euren Ohren.

22 Und sie gaben alle Zeugnis von ihm und wunderten sich der holdseligen

Worte, die aus seinem Munde gingen, und sprachen: "Ist das nicht Josephs Sohn?"

23 Und er sprach zu ihnen: Ihr werdet freilich zu mir sagen dies Sprichwort: Arzt, hilf dir selber! Denn wie große Dinge haben wir gehört, zu Kapernaum geschehen! Tue also auch hier, in deiner Vaterstadt.

24 Er sprach aber: Wahrlich, ich sage euch: "Kein Prophet ist angenehm in seinem Vaterlande.

25 Aber in der Wahrheit sage ich euch: Es waren viele Witwen in Israel zu Elia's Zeiten, da der Himmel verschlossen war drei Jahre und sechs Monate, da eine große Teuerung war im ganzen Lande

26 und zu deren keiner ward Elia gesandt denn allein gen Sarepta der Sidonier zu einer Witwe.

27 Und viele Aussätzige waren in Israel zu des Propheten Elisa Zeiten; und deren keiner wurde gereinigt denn allein Naeman aus Syrien.

28 Und sie wurden voll Zorns alle, die in der Schule waren, da sie das hörten,

29 und standen auf und stießen ihn zur Stadt hinaus und führten ihn auf einen Hügel des Berges, darauf ihre Stadt gebaut war, daß sie ihn hinabstürzten.

30 Aber er ging mitten durch sie hinweg.

31 Und er kam gen Kapernaum, in die Stadt Galiläas, und lehrte sie am Sabbat.

32 Und sie verwunderten sich seiner Lehre; denn seine Rede war gewaltig.

33 Und es war ein Mensch in der Schule, besessen mit einem unsauberen Teufel; der schrie laut

34 und sprach: Halt, was haben wir mit dir zu schaffen, Jesus von Nazareth? Du bist gekommen uns zu verderben. Ich weiß wer du bist: der heilige Gottes.

35 Und Jesus bedrohte ihn und sprach: Verstumme und fahre aus von ihm! Und der Teufel warf ihn mitten unter sie und fuhr von ihm aus und tat ihm keinen Schaden.

36 Und es kam eine Furcht über sie alle, und redeten miteinander und sprachen: Was ist das für ein Ding? Er gebietet mit Macht und Gewalt den unsauberen Geistern, und sie fahren aus.

37 Und es erscholl sein Gerücht in alle Örter des umliegenden Landes.

38 Und er stand auf aus der Schule und kam in Simons Haus. Und Simons Schwiegermutter war mit einem harten Fieber behaftet; und sie baten ihn für sie.

39 Und er trat zu ihr und gebot dem Fieber, und es verließ sie. Und alsbald stand sie auf und diente ihnen.

40 Und da die Sonne untergegangen war, brachten alle, die Kranke hatten mit mancherlei Seuchen, sie zu ihm. Und er legte auf einen jeglichen die Hände und machte sie gesund.

41 Es fuhren auch die Teufel aus von vielen, schrieen und sprachen: Du bist Christus, der Sohn Gottes! Und er bedrohte sie und ließ sie nicht reden; denn sie wußten, daß er Christus war.

42 Da es aber Tag ward, ging er hinaus an eine wüste Stätte; und das Volk suchte ihn, und sie kamen zu ihm und hielten ihn auf, daß er nicht von ihnen ginge.

43 Er sprach aber zu ihnen: Ich muß auch andern Städten das Evangelium verkündigen vom Reiche Gottes; denn dazu bin ich gesandt.

44 Und er predigte in den Schulen Galiläas.

5. Kapitel

Des Petrus Fischzug. Heilung eines Aussätzigen und eines Gichtbrüchigen. Berufung des Levi. Erklärung Jesu über das Fasten.

1 Es begab sich aber, da sich das Volk zu ihm drängte, zu hören das Wort Gottes, daß er stand am See Genezareth

2 und sah zwei Schiffe am See stehen, die Fischer aber waren ausgetreten und wuschen ihre Netze.

3 Da trat er in der Schiffe eines, welches Simons war, und bat ihn, daß er's ein wenig vom Lande führte. Und er setzte sich und lehrte das Volk aus dem Schiff.

4 Und als er hatte aufgehört zu reden, sprach er zu Simon: Fahre auf die Höhe und werfet eure Netze aus, daß ihr einen Zug tut.

5 Und Simon antwortete und sprach zu ihm: Meister, wir haben die ganze Nacht

gearbeitet und nichts gefangen, aber auf dein Wort will ich das Netz auswerfen.

6 Und da sie das taten, beschlossen sie eine große Menge Fische, und ihr Netz zerriß.

7 Und sie winkten ihren Gesellen, die im andern Schiff waren, daß sie kämen und hülfen ihnen ziehen. Und sie kamen und füllten beide Schiffe voll, also daß sie sanken.

8 Da das Simon Petrus sah, fiel er Jesu zu den Knieen und sprach: HERR, gehe von mir hinaus! ich bin ein sündiger Mensch.

9 Denn es war ihn ein Schrecken angekommen, ihn und alle, die mit ihm waren, über diesen Fischzug, den sie miteinander getan hatten;

10 desgleichen auch Jakobus und Johannes, die Söhne des Zebedäus, Simons Gesellen. Und Jesus sprach zu Simon: Fürchte dich nicht; denn von nun an wirst du Menschen fangen.

11 Und sie führten die Schiffe zu Lande und verließen alles und folgten ihm nach.

12 Und es begab sich, da er in einer Stadt war, siehe, da war ein Mann voll Aussatz. Da der Jesum sah, fiel er auf sein

Angesicht und bat ihn und sprach: HERR, willst du, so kannst du mich reinigen.

13 Und er streckte die Hand aus und rührte ihn an und sprach: Ich will's tun; sei gereinigt! Und alsobald ging der Aussatz von ihm.

14 Und er gebot ihm, daß er's niemand sagen sollte; sondern "gehe hin und zeige dich dem Priester und opfere für deine Reinigung, wie Mose geboten, ihnen zum Zeugnis".

15 Es kam aber die Sage von ihm immer weiter aus, und kam viel Volks zusammen, daß sie ihn hörten und durch ihn gesund würden von ihren Krankheiten.

16 Er aber entwich in die Wüste und betete.

17 Und es begab sich auf einen Tag, daß er lehrte; und es saßen da die Pharisäer und Schriftgelehrten, die da gekommen waren aus allen Märkten in Galiläa und Judäa und von Jerusalem. Und die Kraft des HERRN ging von ihm, und er half jedermann.

18 Und, siehe, etliche Männer brachten einen Menschen auf seinem Bette, der

war gichtbrüchig; und sie suchten, wie sie ihn hineinbrächten und vor ihn legten.

19 Und da sie vor dem Volk nicht fanden, an welchen Ort sie ihn hineinbrächten, stiegen sie auf das Dach und ließen ihn durch die Ziegel hernieder mit dem Bettlein mitten unter sie, vor Jesum.

20 Und da er ihren Glauben sah, sprach er zu ihm: Mensch, deine Sünden sind dir vergeben.

21 Und die Schriftgelehrten und Pharisäer fingen an, zu denken und sprachen: Wer ist der, daß er Gotteslästerungen redet? Wer kann Sünden vergeben denn allein Gott?

22 Da aber Jesus ihre Gedanken merkte, antwortete er und sprach zu ihnen: Was denket ihr in euren Herzen?

23 Welches ist leichter: zu sagen: Dir sind deine Sünden vergeben, oder zu sagen: Stehe auf und wandle?

24 Auf das ihr aber wisset, daß des Menschen Sohn Macht hat, auf Erden Sünden zu vergeben, (sprach er zu dem Gichtbrüchigen): Ich sage dir stehe auf und hebe dein Bettlein auf und gehe heim!

25 Und alsbald stand er auf vor ihren Augen und hob das Bettlein auf, darauf er gelegen hatte, und ging heim und pries Gott.

26 Und sie entsetzten sich alle und priesen Gott und wurden voll Furcht und sprachen: Wir haben heute seltsame Dinge gesehen.

27 Und darnach ging er aus und sah einen Zöllner mit Namen Levi am Zoll sitzen und sprach zu ihm: Folge mir nach!

28 Und er verließ alles, stand auf und folgte ihm nach.

29 Und Levi richtete ihm ein großes Mahl zu in seinem Hause, und viele Zöllner und andere saßen mit ihm zu Tisch.

30 Und die Schriftgelehrten und Pharisäer murrten wider seine Jünger und sprachen: Warum esset und trinket ihr mit den Zöllnern und Sündern?

31 Und Jesus antwortete und sprach zu ihnen: Die Gesunden bedürfen des Arztes nicht, sondern die Kranken.

32 Ich bin gekommen zu rufen die Sünder zur Buße, und nicht die Gerechten.

33 Und sie sprachen zu ihm: Warum fasten des Johannes Jünger so oft und beten so viel, desgleichen der Pharisäer Jünger; aber deine Jünger essen und trinken?

34 Er sprach aber zu ihnen: Ihr könnt die Hochzeitleute nicht zu fasten treiben, solange der Bräutigam bei ihnen ist.

35 Es wird aber die Zeit kommen, daß der Bräutigam von ihnen genommen wird; dann werden sie fasten.

36 Und er sagte zu ihnen ein Gleichnis: Niemand flickt einen Lappen von einem neuen Kleid auf ein altes Kleid; sonst zerreißt er das neue, und der Lappen vom neuen reimt sich nicht auf das alte.

37 Und niemand faßt Most in alte Schläuche; sonst zerreißt der Most die Schläuche und wird verschüttet, und die Schläuche kommen um.

38 Sondern den Most soll man in neue Schläuche fassen, so werden sie beide erhalten.

39 Und niemand ist, der vom alten trinkt und wolle bald den neuen; denn er spricht: Der alte ist milder.

6. Kapitel

Ährenausraufen und Heilung einer verdorrten Hand am Sabbat. Wahl der zwölf Apostel. Christi Bergpredigt.

1 Und es begab sich an einem Sabbat, daß er durchs Getreide ging; und seine Jünger rauften Ähren aus und aßen und rieben sie mit den Händen.

2 Etliche aber der Pharisäer sprachen zu ihnen: Warum tut ihr, was sich nicht ziemt zu tun an den Sabbaten?

3 Und Jesus antwortete und sprach zu ihnen: Habt ihr nicht das gelesen, was David tat, da ihn hungerte und die mit ihm waren?

4 wie er zum Hause Gottes einging und nahm die Schaubrote und aß und gab auch denen, die mit ihm waren; die doch niemand durfte essen als die Priester allein?

5 Und er sprach zu ihnen: Des Menschen Sohn ist ein HERR auch des Sabbats.

6 Es geschah aber an einem andern Sabbat, daß er ging in die Schule und lehrte. Und da war ein Mensch, des

rechte Hand war verdorrt.

7 Aber die Schriftgelehrten und Pharisäer lauerten darauf, ob er auch heilen würde am Sabbat, auf daß sie eine Sache wider ihn fänden.

8 Er aber merkte ihre Gedanken und sprach zu dem Menschen mit der dürren Hand: Stehe auf und tritt hervor! Und er stand auf und trat dahin.

9 Da sprach Jesus zu ihnen: Ich frage euch: Was ziemt sich zu tun an den Sabbaten, Gutes oder Böses? das Leben erhalten oder verderben?

10 Und er sah sie alle umher an und sprach zu dem Menschen: Strecke deine Hand aus! und er tat's; da ward ihm seine Hand wieder zurechtgebracht, gesund wie die andere.

11 Sie aber wurden ganz unsinnig und beredeten sich miteinander, was sie ihm tun wollten.

12 Es begab sich aber zu der Zeit, daß er ging auf einen Berg zu beten; und er blieb über Nacht in dem Gebet zu Gott.

13 Und da es Tag ward, rief er seine Jünger und erwählte ihrer zwölf, welche er auch Apostel nannte:

14 Simon, welchen er Petrus nannte, und Andreas, seinen Bruder, Jakobus und Johannes, Philippus und Bartholomäus,

15 Matthäus und Thomas, Jakobus, des Alphäus Sohn, Simon genannt Zelotes,

16 Judas, des Jakobus Sohn und Judas Ischariot, den Verräter.

17 Und er ging hernieder mit ihnen und trat auf einen Platz im Felde und der Haufe seiner Jünger und eine große Menge des Volks von allem jüdischen Lande und Jerusalem und Tyrus und Sidon, am Meer gelegen,

18 die da gekommen waren, ihn zu hören und daß sie geheilt würden von ihren Seuchen; und die von unsauberen Geistern umgetrieben wurden, die wurden gesund.

19 Und alles Volk begehrte ihn anzurühren; denn es ging Kraft von ihm und er heilte sie alle.

20 Und er hob seine Augen auf über seine Jünger und sprach: Selig seid ihr Armen; denn das Reich Gottes ist euer.

21 Selig seid ihr, die ihr hier hungert; denn ihr sollt satt werden. Selig seid ihr, die ihr hier weint; denn ihr werdet lachen.

22 Selig seid ihr, so euch die Menschen hassen und euch absondern und schelten euch und verwerfen euren Namen als einen bösen um des Menschensohns willen.

[Wenn man auf das semitische Substrat zurückgeht, könnte man 'selig' mit 'erhebt euch' übersetzen:

Erhebt euch, ihr Armen; denn das Reich Gottes ist euer.

Erhebt euch, ihr, die ihr hier hungert; denn ihr sollt satt werden.

Erhebt euch, ihr, die ihr hier weint; denn ihr werdet lachen.

Erhebt euch, ihr, so euch die Menschen hassen und euch absondern und schelten euch und verwerfen euren Namen als einen bösen um des Menschensohns willen.

Siehe auch: Matthäus 5, 3 - 12 sowie die Übersetzungsalternative (4)]

23 Freut euch alsdann und hupfet; denn siehe, euer Lohn ist groß im Himmel. Desgleichen taten ihre Väter den Propheten auch.

24 Aber dagegen weh euch Reichen! denn ihr habt euren Trost dahin.

25 Weh euch, die ihr voll seid! denn euch wird hungern. Weh euch, die ihr hier lachet! denn ihr werdet weinen und heulen.

26 Weh euch, wenn euch jedermann wohlredet! Desgleichen taten eure Väter den falschen Propheten auch.

27 Aber ich sage euch, die ihr zuhört: Liebet eure Feinde; tut denen wohl, die euch hassen;

28 segnet die, so euch verfluchen und bittet für die, so euch beleidigen.

29 Und wer dich schlägt auf einen Backen, dem biete den anderen auch dar; und wer dir den Mantel nimmt, dem wehre nicht auch den Rock.

30 Wer dich bittet, dem gib; und wer dir das deine nimmt, da fordere es nicht wieder.

31 Und wie ihr wollt, daß euch die Leute tun sollen, also tut ihnen gleich auch ihr.

32 Und so ihr liebet, die euch lieben, was für Dank habt ihr davon? Denn die Sünder lieben auch ihre Liebhaber.

33 Und wenn ihr euren Wohltätern

wohltut, was für Dank habt ihr davon? Denn die Sünder tun das auch.

34 Und wenn ihr leihet, von denen ihr hoffet zu nehmen, was für Dank habt ihr davon? Denn die Sünder leihen den Sündern auch, auf daß sie Gleiches wiedernehmen.

35 Vielmehr liebet eure Feinde; tut wohl und leihet, daß ihr nichts dafür hoffet, so wird euer Lohn groß sein, und ihr werdet Kinder des Allerhöchsten sein; denn er ist gütig über die Undankbaren und Bösen.

36 Darum seid barmherzig, wie auch euer Vater barmherzig ist.

37 Richtet nicht, so werdet ihr auch nicht gerichtet. Verdammet nicht, so werdet ihr nicht verdammt. Vergebet, so wird euch vergeben.

38 Gebt, so wird euch gegeben. Ein voll, gedrückt, gerüttelt und überfließend Maß wird man in euren Schoß geben; denn eben mit dem Maß, mit dem ihr messet, wird man euch wieder messen.

39 Und er sagte ihnen ein Gleichnis: Kann auch ein Blinder einem Blinden den Weg weisen? Werden sie nicht alle beide in die Grube fallen?

40 Der Jünger ist nicht über seinen Meister; wenn der Jünger ist wie sein Meister, so ist er vollkommen.

41 Was siehst du aber einen Splitter in deines Bruders Auge, und des Balkens in deinem Auge wirst du nicht gewahr?

42 Oder wie kannst du sagen zu deinem Bruder: Halt stille, Bruder, ich will den Splitter aus deinem Auge ziehen, und du siehst selbst nicht den Balken in deinem Auge? Du Heuchler, zieh zuvor den Balken aus deinem Auge und siehe dann zu, daß du den Splitter aus deines Bruders Auge ziehest!

43 Denn es ist kein guter Baum, der faule Frucht trage, und kein fauler Baum, der gute Frucht trage.

44 Ein jeglicher Baum wird an seiner eigenen Frucht erkannt. Denn man liest nicht Feigen von den Dornen, auch liest man nicht Trauben von den Hecken.

45 Ein guter Mensch bringt Gutes hervor aus dem guten Schatz seines Herzens; und ein böser Mensch bringt Böses hervor aus dem bösen Schatz seines Herzens. Denn wes das Herz voll ist, des geht der Mund über.

46 Was heißet ihr mich aber HERR, HERR, und tut nicht, was ich euch sage?

47 Wer zu mir kommt und hört meine Rede und tut sie, den will ich euch zeigen, wem er gleich ist.

48 Er ist gleich einem Menschen, der ein Haus baute und grub tief und legte den Grund auf den Fels. Da aber Gewässer kam, da riß der Strom zum Hause zu, und konnte es nicht bewegen; denn es war auf den Fels gegründet.

49 Wer aber hört und nicht tut, der ist gleich einem Menschen, der ein Haus baute auf die Erde ohne Grund; und der Strom riß zu ihm zu, und es fiel alsbald, und das Haus gewann einen großen Riß.

7. Kapitel

Von des Hauptmanns Knecht, dem Jüngling zu Nain, des Johannes Botschaft und der Salbung Jesu durch die Sünderin.

1 Nachdem er aber vor dem Volk ausgeredet hatte, ging er gen Kapernaum.

2 Und eines Hauptmanns Knecht lag

todkrank, den er wert hielt.

3 Da er aber von Jesu hörte, sandte er die Ältesten der Juden zu ihm und bat ihn, daß er käme und seinen Knecht gesund machte.

4 Da sie aber zu Jesu kamen, baten sie ihn mit Fleiß und sprachen: Er ist es wert, daß du ihm das erzeigest;

5 denn er hat unser Volk lieb, und die Schule hat er uns erbaut.

6 Jesus aber ging mit ihnen hin. Da sie aber nun nicht ferne von dem Hause waren, sandte der Hauptmann Freunde zu ihm und ließ ihm sagen: Ach HERR, bemühe dich nicht; ich bin nicht wert, daß du unter mein Dach gehest;

7 darum habe ich auch mich selbst nicht würdig geachtet, daß ich zu dir käme; sondern sprich ein Wort, so wird mein Knecht gesund.

8 Denn auch ich bin ein Mensch, der Obrigkeit untertan, und habe Kriegsknechte unter mir und spreche zu einem: Gehe hin! so geht er hin; und zum andern: Komm her! so kommt er; und zu meinem Knecht: Tu das! so tut er's.

9 Da aber Jesus das hörte, verwunderte

er sich über ihn und wandte sich um und sprach zu dem Volk, das ihm nachfolgte: Ich sage euch: Solchen Glauben habe ich in Israel nicht gefunden!

10 Und da die Gesandten wiederum nach Hause kamen, fanden sie den kranken Knecht gesund.

11 Und es begab sich darnach, daß er in eine Stadt mit Namen Nain ging; und seiner Jünger gingen viele mit ihm und viel Volks.

12 Als er aber nahe an das Stadttor kam, siehe, da trug man einen Toten heraus, der ein einziger Sohn war seiner Mutter, und sie war eine Witwe; und viel Volks aus der Stadt ging mit ihr.

13 Und da sie der HERR sah, jammerte ihn derselben, und er sprach zu ihr: Weine nicht!

14 Und er trat hinzu und rührte den Sarg an; und die Träger standen. Und er sprach: Jüngling, ich sage dir, stehe auf!

15 Und der Tote richtete sich auf und fing an zu reden; und er gab ihn seiner Mutter.

16 Und es kam sie alle eine Furcht an und sie priesen Gott und sprachen: Es ist

ein großer Prophet unter uns aufgestanden, und Gott hat sein Volk heimgesucht.

17 Und diese Rede von ihm erscholl in das ganze jüdische Land und in alle umliegenden Länder.

18 Und es verkündigten Johannes seine Jünger das alles. Und er rief zu sich seiner Jünger zwei

19 und sandte sie zu Jesu und ließ ihm sagen: Bist du, der da kommen soll, oder sollen wir eines andern warten?

20 Da aber die Männer zu ihm kamen, sprachen sie: Johannes der Täufer hat uns zu dir gesandt und läßt dir sagen: Bist du, der da kommen soll, oder sollen wir eines anderen warten?

21 Zu derselben Stunde aber machte er viele gesund von Seuchen und Plagen und bösen Geistern, und vielen Blinden schenkte er das Gesicht.

22 Und Jesus antwortete und sprach zu ihnen: Gehet hin und verkündiget Johannes, was ihr gesehen und gehört habt: die Blinden sehen, die Lahmen gehen, die Aussätzigen werden rein, die Tauben hören, die Toten stehen auf, den

Armen wird das Evangelium gepredigt;

23 und selig ist, wer sich nicht ärgert an mir.

24 Da aber die Boten des Johannes hingingen, fing Jesus an, zu reden zu dem Volk von Johannes: Was seid ihr hinausgegangen in die Wüste zu sehen? Wolltet ihr ein Rohr sehen, das vom Winde bewegt wird?

25 Oder was seid ihr hinausgegangen zu sehen? Wolltet ihr einen Menschen sehen in weichen Kleidern? Sehet, die in herrlichen Kleidern und Lüsten leben, die sind an den königlichen Höfen.

26 Oder was seid ihr hinausgegangen zu sehen? Wolltet ihr einen Propheten sehen? Ja, ich sage euch, der da mehr ist denn ein Prophet.

27 Er ist's, von dem geschrieben steht: "Siehe, ich sende meinen Engel vor deinem Angesicht her, der da bereiten soll deinen Weg vor dir".

28 Denn ich sage euch, daß unter denen, die von Weibern geboren sind, ist kein größerer Prophet denn Johannes der Täufer; der aber kleiner ist im Reiche Gottes, der ist größer denn er.

29 Und alles Volk, das ihn hörte, und die Zöllner gaben Gott recht und ließen sich taufen mit der Taufe des Johannes.

30 Aber die Pharisäer und Schriftgelehrten verachteten Gottes Rat wider sich selbst und ließen sich nicht von ihm taufen.

31 Aber der HERR sprach: Wem soll ich die Menschen dieses Geschlechts vergleichen, und wem sind sie gleich?

32 Sie sind gleich den Kindern, die auf dem Markte sitzen und rufen gegeneinander und sprechen: Wir haben euch gepfiffen, und ihr habt nicht getanzt; wir haben euch geklagt, und ihr habt nicht geweint.

33 Denn Johannes der Täufer ist gekommen und aß nicht Brot und trank keinen Wein; so sagt ihr: Er hat den Teufel.

34 Des Menschen Sohn ist gekommen, ißt und trinkt; so sagt ihr: Siehe, der Mensch ist ein Fresser und Weinsäufer, der Zöllner und Sünder Freund!

35 Und die Weisheit muß sich rechtfertigen lassen von allen ihren Kindern.

36 Es bat ihn aber der Pharisäer einer, daß er mit ihm äße. Und er ging hinein in des Pharisäers Haus und setzte sich zu Tisch.

37 Und siehe, ein Weib war in der Stadt, die war eine Sünderin. Da die vernahm, daß er zu Tische saß in des Pharisäers Hause, brachte sie ein Glas mit Salbe

38 und trat hinten zu seinen Füßen und weinte und fing an, seine Füße zu netzen mit Tränen und mit den Haaren ihres Hauptes zu trocknen, und küßte seine Füße und salbte sie mit Salbe.

39 Da aber das der Pharisäer sah, der ihn geladen hatte, sprach er bei sich selbst und sagte: Wenn dieser ein Prophet wäre, so wüßte er, wer und welch ein Weib das ist, die ihn anrührt; denn sie ist eine Sünderin.

40 Jesus antwortete und sprach zu ihm: Simon, ich habe dir etwas zu sagen. Er aber sprach: Meister, sage an.

41 Es hatte ein Gläubiger zwei Schuldner. Einer war schuldig fünfhundert Groschen, der andere fünfzig.

42 Da sie aber nicht hatten, zu bezahlen,

schenkte er's beiden. Sage an, welcher unter denen wird ihn am meisten lieben?

43 Simon antwortete und sprach: Ich achte, dem er am meisten geschenkt hat. Er aber sprach zu ihm: Du hast recht gerichtet.

44 Und er wandte sich zu dem Weibe und sprach zu Simon: Siehest du dies Weib? Ich bin gekommen in dein Haus; du hast mir nicht Wasser gegeben zu meinen Füßen; diese aber hat meine Füße mit Tränen genetzt und mit den Haaren ihres Hauptes getrocknet.

45 Du hast mir keinen Kuß gegeben; diese aber, nachdem sie hereingekommen ist, hat sie nicht abgelassen, meine Füße zu küssen.

46 Du hast mein Haupt nicht mit Öl gesalbt; sie aber hat meine Füße mit Salbe gesalbt.

47 Derhalben sage ich dir: Ihr sind viele Sünden vergeben, denn sie hat viel geliebt; welchem aber wenig vergeben wird, der liebt wenig.

48 Und er sprach zu ihr: Dir sind deine Sünden vergeben.

49 Da fingen die an, die mit zu Tische

saßen, und sprachen bei sich selbst: Wer ist dieser, der auch Sünden vergibt?

50 Er aber sprach zu dem Weibe: Dein Glaube hat dir geholfen; gehe hin mit Frieden!

8. Kapitel

Nachfolgerinnen Jesu. Gleichnis vom Säemann. Wer Christi Verwandte seien. Stillung des Sturmes auf dem Meer. Heilung eines Besessenen. Erweckung der Tochter des Jairus. Wunder am blutflüssigen Weibe.

1 Und es begab sich darnach, daß er reiste durch Städte und Dörfer und predigte und verkündigte das Evangelium vom Reich Gottes; und die zwölf mit ihm,

2 dazu etliche Weiber, die er gesund hatte gemacht von den bösen Geistern und Krankheiten, nämlich Maria, die da Magdalena heißt, von welcher waren sieben Teufel ausgefahren,

3 und Johanna, das Weib Chusas, des Pflegers des Herodes, und Susanna und

viele andere, die ihm Handreichung taten von ihrer Habe.

4 Da nun viel Volks beieinander war und sie aus den Städten zu ihm eilten, sprach er durch ein Gleichnis:

5 Es ging ein Säemann aus, zu säen seinen Samen. Und indem er säte, fiel etliches an den Weg und ward zertreten und die Vögel unter dem Himmel fraßen's auf.

6 Und etliches fiel auf den Fels; und da es aufging, verdorrte es, darum daß es nicht Saft hatte.

7 Und etliches fiel mitten unter die Dornen; und die Dornen gingen mit auf und erstickten's.

8 Und etliches fiel auf ein gutes Land; und es ging auf und trug hundertfältige Frucht. Da er das sagte, rief er: Wer Ohren hat, zu hören, der höre!

9 Es fragten ihn aber seine Jünger und sprachen, was dies Gleichnis wäre?

10 Er aber sprach: Euch ist es gegeben, zu wissen das Geheimnis des Reiches Gottes; den andern aber in Gleichnissen, daß sie es nicht sehen, ob sie es schon sehen, und nicht verstehen, ob sie es

schon hören.

11 Das ist aber das Gleichnis: Der Same ist das Wort Gottes.

12 Die aber an dem Wege sind, das sind, die es hören; darnach kommt der Teufel und nimmt das Wort von ihrem Herzen, auf daß sie nicht glauben und selig werden.

13 Die aber auf dem Fels sind die: wenn sie es hören, nehmen sie das Wort mit Freuden an; und die haben nicht Wurzel; eine Zeitlang glauben sie, und zur Zeit der Anfechtung fallen sie ab.

14 Das aber unter die Dornen fiel, sind die, so es hören und gehen hin unter den Sorgen, Reichtum und Wollust dieses Lebens und ersticken und bringen keine Frucht.

15 Das aber auf dem guten Land sind, die das Wort hören und behalten in einem feinen, guten Herzen und bringen Frucht in Geduld.

16 Niemand aber zündet ein Licht an und bedeckt's mit einem Gefäß oder setzt es unter eine Bank; sondern er setzt es auf einen Leuchter, auf daß, wer hineingeht, das Licht sehe.

17 Denn nichts ist verborgen, das nicht offenbar werde, auch nichts Heimliches, das nicht kund werde und an den Tag komme.

18 So sehet nun darauf wie ihr zuhöret. Denn wer da hat, dem wird gegeben; wer aber nicht hat, von dem wird genommen, auch was er meint zu haben.

19 Es gingen aber hinzu seine Mutter und Brüder und konnten vor dem Volk nicht zu ihm kommen.

20 Und es ward ihm angesagt: Deine Mutter und deine Brüder stehen draußen und wollen dich sehen.

21 Er aber antwortete und sprach zu ihnen: Meine Mutter und meine Brüder sind diese, die Gottes Wort hören und tun.

22 Und es begab sich an der Tage einem, daß er in ein Schiff trat samt seinen Jüngern; und er sprach zu ihnen: Laßt uns über den See fahren. Und sie stießen vom Lande.

23 Und da sie schifften, schlief er ein. Und es kam ein Windwirbel auf den See, und die Wellen überfielen sie, und sie standen in großer Gefahr.

24 Da traten sie zu ihm und weckten ihn auf und sprachen: Meister, Meister, wir verderben! Da stand er auf und bedrohte den Wind und die Woge des Wassers; und es ließ ab, und ward eine Stille.

25 Er aber sprach zu ihnen: Wo ist euer Glaube? Sie fürchteten sich aber und verwunderten sich und sprachen untereinander: Wer ist dieser? denn er gebietet dem Winde und dem Wasser, und sie sind ihm gehorsam.

26 Und sie schifften fort in die Gegend der Gadarener, welche ist Galiläa gegenüber.

27 Und als er austrat auf das Land, begegnete ihm ein Mann aus der Stadt, der hatte Teufel von langer Zeit her und tat keine Kleider an und blieb in keinem Hause, sondern in den Gräbern.

28 Da er aber Jesum sah, schrie er und fiel vor ihm nieder und rief laut und sprach: Was habe ich mit dir zu schaffen, Jesu, du Sohn Gottes, des Allerhöchsten? Ich bitte dich, du wollest mich nicht quälen.

29 Denn er gebot dem unsauberen Geist, daß er von dem Menschen

ausführe. Denn er hatte ihn lange Zeit geplagt, und er ward mit Ketten gebunden und mit Fesseln gefangen, und zerriß die Bande und ward getrieben von dem Teufel in die Wüsten.

30 Und Jesus fragte ihn und sprach: Wie heißest du? Er sprach: Legion; denn es waren viel Teufel in ihn gefahren.

31 Und sie baten ihn, daß er sie nicht hieße in die Tiefe fahren.

32 Es war aber daselbst eine große Herde Säue auf der Weide auf dem Berge. Und sie baten ihn, daß er ihnen erlaubte in sie zu fahren. Und er erlaubte es ihnen.

33 Da fuhren die Teufel aus von dem Menschen und fuhren in die Säue; und die Herde stürzte sich von dem Abhange in den See und ersoff.

34 Da aber die Hirten sahen, was da geschah, flohen sie und verkündigten es in der Stadt und in den Dörfern.

35 Da gingen sie hinaus, zu sehen, was da geschehen war, und kamen zu Jesu und fanden den Menschen, von welchem die Teufel ausgefahren waren, sitzend zu den Füßen Jesu, bekleidet und vernünftig,

und erschraken.

36 Und die es gesehen hatten, verkündigten's ihnen, wie der Besessene war gesund geworden.

37 Und es bat ihn die ganze Menge des umliegenden Landes der Gadarener, daß er von ihnen ginge; denn es war sie eine große Furcht angekommen. Und er trat in das Schiff und wandte wieder um.

38 Es bat ihn aber der Mann, von dem die Teufel ausgefahren waren, daß er bei ihm möchte sein. Aber Jesus ließ ihn von sich und sprach:

39 Gehe wieder heim und sage, wie große Dinge dir Gott getan hat. Und er ging hin und verkündigte durch die ganze Stadt, wie große Dinge ihm Jesus getan hatte.

40 Und es begab sich, da Jesus wiederkam, nahm ihn das Volk auf; denn sie warteten alle auf ihn.

41 Und siehe, da kam ein Mann mit Namen Jairus, der ein Oberster der Schule war, und fiel Jesu zu den Füßen und bat ihn, daß er wollte in sein Haus kommen;

42 denn er hatte eine einzige Tochter

bei zwölf Jahren, die lag in den letzten Zügen. Und da er hinging, drängte ihn das Volk.

43 Und ein Weib hatte den Blutgang zwölf Jahre gehabt; die hatte alle ihre Nahrung an die Ärzte gewandt, und konnte von niemand geheilt werden;

44 die trat hinzu von hinten und rührte seines Kleides Saum an; und alsobald stand ihr der Blutgang.

45 Und Jesus sprach: Wer hat mich angerührt? Da sie aber alle leugneten, sprach Petrus und die mit ihm waren: Meister, das Volk drängt und drückt dich, und du sprichst: Wer hat mich angerührt?

46 Jesus aber sprach: Es hat mich jemand angerührt; denn ich fühle, daß eine Kraft von mir gegangen ist.

47 Da aber das Weib sah, daß es nicht verborgen war, kam sie mit Zittern und fiel vor ihm nieder und verkündigte vor allem Volk, aus welcher Ursache sie ihn hätte angerührt und wie sie wäre alsbald gesund geworden.

48 Er aber sprach zu ihr: Sei getrost, meine Tochter, dein Glaube hat dir geholfen. Gehe hin mit Frieden!

49 Da er noch redete, kam einer vom Gesinde des Obersten der Schule und sprach zu ihm: Deine Tochter ist gestorben; bemühe den Meister nicht.

50 Da aber Jesus das hörte, antwortete er ihm und sprach: Fürchte dich nicht, glaube nur, so wird sie gesund!

51 Da er aber in das Haus kam, ließ er niemand hineingehen denn Petrus und Jakobus und Johannes und des Kindes Vater und Mutter.

52 Sie weinten aber alle und klagten um sie. Er aber sprach: Weinet nicht, sie ist nicht gestorben, sondern sie schläft.

53 Und sie verlachten ihn, wußten wohl, daß sie gestorben war.

54 Er aber trieb sie alle hinaus, nahm sie bei der Hand und rief und sprach: Kind, stehe auf!

55 Und ihr Geist kam wieder, und sie stand alsobald auf. Und er befahl, man sollte ihr zu essen geben.

56 Und ihre Eltern entsetzten sich. Er aber gebot ihnen, daß sie niemand sagten, was geschehen war.

9. Kapitel

Aussendung der zwölf Apostel. Speisung der fünftausend Mann. Bekenntnis des Petrus. Erste und zweite Leidensverkündigung. Verklärung Jesu. Heilung eines Besessenen. Der Jünger Ehrgeiz und Eifer. Nachfolge Jesu.

1 Er forderte aber die Zwölf zusammen und gab ihnen Gewalt und Macht über alle Teufel und daß sie Seuchen heilen konnten,

2 und sandte sie aus, zu predigen das Reich Gottes und zu heilen die Kranken.

3 Und sprach zu ihnen: Ihr sollt nichts mit euch nehmen auf den Weg, weder Stab noch Tasche noch Brot noch Geld; es soll auch einer nicht zwei Röcke haben.

4 Und wo ihr in ein Haus geht, da bleibet, bis ihr von dannen zieht.

5 Und welche euch nicht aufnehmen, da gehet aus von derselben Stadt und schüttelt auch den Staub ab von euren Füßen zu einem Zeugnis über sie.

6 Und sie gingen hinaus und durchzogen die Märkte, predigten das Evangelium und machten gesund an allen

Enden.

7 Es kam aber vor Herodes, den Vierfürsten, alles, was durch ihn geschah; und er ward betreten, dieweil von etlichen gesagt ward; Johannes ist von den Toten auferstanden;

8 von etlichen aber: Elia ist erschienen; von etlichen aber: Es ist der alten Propheten einer auferstanden.

9 Und Herodes sprach: Johannes, den habe ich enthauptet; wer ist aber dieser, von dem ich solches höre? und begehrte ihn zu sehen.

10 Und die Apostel kamen wieder und erzählten ihm, wie große Dinge sie getan hatten. Und er nahm sie zu sich und entwich besonders in eine Wüste bei der Stadt, die da heißt Bethsaida.

11 Da das Volk des inneward, zog es ihm nach. Und er ließ sie zu sich und sagte ihnen vom Reich Gottes und machte gesund, die es bedurften. Aber der Tag fing an, sich zu neigen.

12 Da traten zu ihm die Zwölf und sprachen zu ihm: Laß das Volk von dir, daß sie hingehen in die Märkte umher und in die Dörfer, daß sie Herberge und

Speise finden, denn wir sind hier in der Wüste.

13 Er aber sprach zu ihnen: Gebt ihr ihnen zu essen. Sie sprachen, wir haben nicht mehr denn fünf Brote und zwei Fische; es sei denn, daß wir hingehen sollen und Speise kaufen für so großes Volk.

14 (Denn es waren bei fünftausend Mann.) Er sprach aber zu seinen Jüngern: Lasset sie sich setzen in Schichten, je fünfzig und fünfzig.

15 Und sie taten also, und es setzten sich alle.

16 Da nahm er die fünf Brote und zwei Fische und sah auf gen Himmel und dankte darüber, brach sie und gab sie den Jüngern, daß sie dem Volk vorlegten.

17 Und sie aßen und wurden alle satt; und wurden aufgehoben, was ihnen übrigblieb von Brocken, zwölf Körbe.

18 Und es begab sich, da er allein war und betete und seine Jünger zu ihm traten, fragte er sie und sprach: Wer sagen die Leute, daß ich sei?

19 Sie antworteten und sprachen: Sie sagen, du seist Johannes der Täufer;

etliche aber, du seist Elia; etliche aber, es sei der alten Propheten einer auferstanden.

20 Er aber sprach zu ihnen: Wer saget ihr aber, daß ich sei? Da antwortete Petrus und sprach: Du bist der Christus Gottes!

21 Und er bedrohte sie und gebot, daß sie das niemand sagten,

22 und sprach: Des Menschen Sohn muß noch viel leiden und verworfen werden von den Ältesten und Hohenpriestern und Schriftgelehrten und getötet werden und am dritten Tage auferstehen.

23 Da sprach er zu ihnen allen: Wer mir folgen will, der verleugne sich selbst und nehme sein Kreuz auf sich täglich und folge mir nach.

24 Denn wer sein Leben erhalten will, der wird es verlieren; wer aber sein Leben verliert um meinetwillen, der wird's erhalten.

25 Und welchen Nutzen hätte der Mensch, ob er die ganze Welt gewönne, und verlöre sich selbst oder beschädigte sich selbst?

26 Wer sich aber mein und meiner

Worte schämt, des wird sich des Menschen Sohn auch schämen, wenn er kommen wird in seiner Herrlichkeit und seines Vaters und der heiligen Engel.

27 Ich sage euch aber wahrlich, daß etliche sind von denen, die hier stehen, die den Tod nicht schmecken werden, bis daß sie das Reich Gottes sehen.

28 Und es begab sich nach diesen Reden bei acht Tagen, daß er zu sich nahm Petrus, Johannes und Jakobus und ging auf einen Berg, zu beten.

29 Und da er betete, ward die Gestalt seines Angesichts anders, und sein Kleid ward weiß und glänzte.

30 Und siehe, zwei Männer redeten mit ihm, welche waren Mose und Elia;

31 die erschienen in Klarheit und redeten von dem Ausgang, welchen er sollte erfüllen zu Jerusalem.

32 Petrus aber, und die mit ihm waren, waren voll Schlafs. Da sie aber aufwachten, sahen sie seine Klarheit und die zwei Männer bei ihm stehen.

33 Und es begab sich, da die von ihm wichen, sprach Petrus zu Jesu: Meister, hier ist gut sein. Lasset uns drei Hütten

machen: dir eine, Mose eine und Elia eine. Und er wußte nicht, was er redete.

34 Da er aber solches redete, kam eine Wolke und überschattete sie; und sie erschraken, da sie die Wolke überzog.

35 Und es fiel eine Stimme aus der Wolke, die sprach: Dieser ist mein lieber Sohn; den sollt ihr hören!

36 Und indem solche Stimme geschah, fanden sie Jesum allein. Und sie verschwiegen es und verkündigten niemand in jenen Tagen, was sie gesehen hatten.

37 Es begab sich aber den Tag hernach, da sie von dem Berge kamen, kam ihnen entgegen viel Volks.

38 Und siehe, ein Mann unter dem Volk rief und sprach: Meister, ich bitte dich, besiehe doch meinen Sohn, denn er ist mein einziger Sohn.

39 Siehe, der Geist ergreift ihn, so schreit er alsbald, und reißt ihn, daß er schäumt, und mit Not weicht er von ihm, wenn er ihn gerissen hat.

40 Und ich habe deine Jünger gebeten, daß sie ihn austrieben, und sie konnten nicht.

41 Da antwortete Jesus und sprach: O du ungläubige und verkehrte Art, wie lange soll ich bei euch sein und euch dulden? Bringe deinen Sohn her!

42 Und da er zu ihm kam, riß ihn der Teufel und zerrte ihn. Jesus aber bedrohte den unsauberen Geist und machte den Knaben gesund und gab ihn seinem Vater wieder.

43 Und sie entsetzten sich alle über die Herrlichkeit Gottes. Da sie sich aber alle verwunderten über alles, was er tat, sprach er zu seinen Jüngern:

44 Fasset ihr zu euren Ohren diese Rede: Des Menschen Sohn muß überantwortet werden in der Menschen Hände.

45 Aber das Wort verstanden sie nicht, und es ward vor ihnen verborgen, daß sie es nicht begriffen. Und sie fürchteten sich, ihn zu fragen um dieses Wort.

46 Es kam auch ein Gedanke unter sie, welcher unter ihnen der Größte wäre.

47 Da aber Jesus den Gedanken ihres Herzens sah, ergriff er ein Kind und stellte es neben sich

48 und sprach zu ihnen: Wer dies Kind

aufnimmt in meinem Namen, der nimmt mich auf; und wer mich aufnimmt, der nimmt den auf, der mich gesandt hat. Welcher aber der Kleinste ist unter euch allen, der wird groß sein.

49 Da antwortete Johannes und sprach: Meister, wir sahen einen, der trieb die Teufel aus in deinem Namen; und wir wehrten ihm, denn er folgt dir nicht mit uns.

50 Und Jesus sprach zu ihm: Wehret ihm nicht; denn wer nicht wider uns ist, der ist für uns.

51 Es begab sich aber, da die Zeit erfüllet war, daß er sollte von hinnen genommen werden, wendete er sein Angesicht, stracks gen Jerusalem zu wandeln.

52 Und er sandte Boten vor sich hin; die gingen hin und kamen in einen Markt der Samariter, daß sie ihm Herberge bestellten.

53 Und sie nahmen ihn nicht an, darum daß er sein Angesicht gewendet hatte, zu wandeln gen Jerusalem.

54 Da aber das seine Jünger Jakobus und Johannes sahen, sprachen sie: HERR,

willst du, so wollen wir sagen, daß Feuer vom Himmel falle und verzehre sie, wie Elia tat.

55 Jesus aber wandte sich um und bedrohte sie und sprach: Wisset ihr nicht, welches Geistes Kinder ihr seid?

56 Des Menschen Sohn ist nicht gekommen, der Menschen Seelen zu verderben, sondern zu erhalten.

57 Und sie gingen in einen anderen Markt. Es begab sich aber, da sie auf dem Wege waren, sprach einer zu ihm: Ich will dir folgen, wo du hin gehst.

58 Und Jesus sprach zu ihm: Die Füchse haben Gruben, und die Vögel unter dem Himmel haben Nester; aber des Menschen Sohn hat nicht, da er sein Haupt hin lege.

59 Und er sprach zu einem andern: Folge mir nach! Der sprach aber: HERR, erlaube mir, daß ich zuvor hingehe und meinen Vater begrabe.

60 Aber Jesus sprach zu ihm: Laß die Toten ihre Toten begraben; gehe du aber hin und verkündige das Reich Gottes!

61 Und ein anderer sprach: HERR, ich will dir nachfolgen; aber erlaube mir

zuvor, daß ich einen Abschied mache mit denen, die in meinem Hause sind.

62 Jesus aber sprach zu ihm: Wer seine Hand an den Pflug legt und sieht zurück, der ist nicht geschickt zum Reich Gottes.

10. Kapitel

Aussendung und Wiederkehr der siebzig Jünger. Dankgebet Jesu. Gleichnis vom barmherzigen Samariter.
Maria und Martha: eins ist not.

1 Darnach sonderte der HERR andere siebzig aus und sandte sie je zwei und zwei vor ihm her in alle Städte und Orte, da er wollte hinkommen,

2 und sprach zu ihnen: Die Ernte ist groß, der Arbeiter aber sind wenige. Bittet den HERRN der Ernte, daß er Arbeiter aussende in seine Ernte.

3 Gehet hin; siehe, ich sende euch als die Lämmer mitten unter die Wölfe.

4 Tragt keinen Beutel noch Tasche noch Schuhe und grüßet niemand auf der Straße.

5 Wo ihr in ein Haus kommt, da sprecht zuerst: Friede sei in diesem Hause!

6 Und so daselbst wird ein Kind des Friedens sein, so wird euer Friede auf ihm beruhen; wo aber nicht, so wird sich euer Friede wieder zu euch wenden.

7 In dem Hause aber bleibet, esset und trinket, was sie haben; denn ein Arbeiter ist seines Lohnes wert. Ihr sollt nicht von einem Hause zum anderen gehen.

8 Und wo ihr in eine Stadt kommt und sie euch aufnehmen, da esset, was euch wird vorgetragen;

9 und heilet die Kranken, die daselbst sind, und saget ihnen: Das Reich Gottes ist nahe zu euch gekommen.

10 Wo ihr aber in eine Stadt kommt, da sie euch nicht aufnehmen, da geht heraus auf ihre Gassen und sprecht:

11 Auch den Staub, der sich an uns gehängt hat von eurer Stadt, schlagen wir ab auf euch; doch sollt ihr wissen, daß euch das Reich Gottes nahe gewesen ist.

12 Ich sage euch: Es wird Sodom erträglicher gehen an jenem Tage denn solcher Stadt.

13 Weh dir Chorazin! Weh dir Bethsaida!

Denn wären solche Taten zu Tyrus oder Sidon geschehen, die bei euch geschehen sind, sie hätten vorzeiten im Sack und in der Asche gesessen und Buße getan.

14 Doch es wird Tyrus und Sidon erträglicher gehen im Gericht als euch.

15 Und du, Kapernaum, die du bis an den Himmel erhoben bist, du wirst in die Hölle hinunter gestoßen werden.

16 Wer euch hört, der hört mich; und wer euch verachtet, der verachtet mich; wer aber mich verachtet, der verachtet den, der mich gesandt hat.

17 Die Siebzig aber kamen wieder mit Freuden und sprachen: HERR, es sind uns auch die Teufel untertan in deinem Namen.

18 Er sprach aber zu ihnen: Ich sah wohl den Satanas vom Himmel fallen als einen Blitz.

19 Sehet, ich habe euch Macht gegeben, zu treten auf Schlangen und Skorpione, und über alle Gewalt des Feindes; und nichts wird euch beschädigen.

20 Doch darin freuet euch nicht, daß euch die Geister untertan sind. Freuet

euch aber, daß eure Namen im Himmel geschrieben sind.

21 Zu der Stunde freute sich Jesus im Geist und sprach: Ich preise dich, Vater und HERR des Himmels und der Erde, daß du solches verborgen hast den Weisen und Klugen, und hast es offenbart den Unmündigen. Ja, Vater, also war es wohlgefällig vor dir.

22 Es ist mir alles übergeben von meinem Vater. Und niemand weiß, wer der Sohn sei, denn nur der Vater; noch wer der Vater sei, denn nur der Sohn und welchem es der Sohn will offenbaren.

23 Und er wandte sich zu seinen Jüngern und sprach insonderheit: Selig sind die Augen, die da sehen, was ihr sehet.

24 Denn ich sage euch: Viele Propheten und Könige wollten sehen, was ihr sehet, und haben's nicht gesehen, und hören, was ihr höret, und haben's nicht gehört.

25 Und siehe, da stand ein Schriftgelehrter auf, versuchte ihn und sprach: Meister, was muß ich tun, daß ich das ewige Leben ererbe?

26 Er aber sprach zu ihm: Wie steht im Gesetz geschrieben? Wie liesest du?

27 Er antwortete und sprach: "Du sollst Gott, deinen HERRN, lieben von ganzem Herzen, von ganzer Seele, von allen Kräften und von ganzem Gemüte und deinen Nächsten als dich selbst."

28 Er aber sprach zu ihm: Du hast recht geantwortet; tue das, so wirst du leben.

29 Er aber wollte sich selbst rechtfertigen und sprach zu Jesus: "Wer ist denn mein Nächster?"

30 Da antwortete Jesus und sprach: Es war ein Mensch, der ging von Jerusalem hinab gen Jericho und fiel unter die Mörder; die zogen ihn aus und schlugen ihn und gingen davon und ließen ihn halbtot liegen.

31 Es begab sich aber ungefähr, daß ein Priester dieselbe Straße hinabzog; und da er ihn sah, ging er vorüber.

32 Desgleichen auch ein Levit; da er kam zu der Stätte und sah ihn, ging er vorüber.

33 Ein Samariter aber reiste und kam dahin; und da er ihn sah, jammerte ihn sein,

34 ging zu ihm, verband ihm seine Wunden und goß darein Öl und Wein

und hob ihn auf sein Tier und führte ihn in die Herberge und pflegte sein.

35 Des anderen Tages reiste er und zog heraus zwei Groschen und gab sie dem Wirte und sprach zu ihm: Pflege sein; und so du was mehr wirst dartun, will ich dir's bezahlen, wenn ich wiederkomme.

36 Welcher dünkt dich, der unter diesen Dreien der Nächste sei gewesen dem, der unter die Mörder gefallen war?

37 Er sprach: Der die Barmherzigkeit an ihn tat. Da sprach Jesus zu ihm: So gehe hin und tue desgleichen!

38 Es begab sich aber, da sie wandelten, ging er in einen Markt. Da war ein Weib mit Namen Martha, die nahm ihn auf in ihr Haus.

39 Und sie hatte eine Schwester, die hieß Maria; die setzte sich zu Jesu Füßen und hörte seiner Rede zu.

40 Martha aber machte sich viel zu schaffen, ihm zu dienen. Und sie trat hinzu und sprach: HERR, fragst du nicht darnach, daß mich meine Schwester läßt allein dienen? Sage ihr doch, daß sie es auch angreife!

41 Jesus aber antwortete und sprach zu

ihr: Martha, Martha, du hast viel Sorge und Mühe;

42 eins aber ist not. Maria hat das gute Teil erwählt; das soll nicht von ihr genommen werden.

11. Kapitel

Jesus lehrt beten und treibt einen Teufel aus. Zeichen des Jona. Strafpredigt wider die Bosheit und Heuchelei der Pharisäer und Schriftgelehrten.

1 Und es begab sich, daß er war an einem Ort und betete. Und da er aufgehört hatte, sprach seiner Jünger einer zu ihm: HERR, lehre uns beten, wie auch Johannes seine Jünger lehrte.

2 Und er sprach zu ihnen: Wenn ihr betet, so sprecht: Unser Vater im Himmel, dein Name werde geheiligt. Dein Reich komme. Dein Wille geschehe auf Erden wie im Himmel.

3 Gib uns unser täglich Brot immerdar.

4 Und vergib uns unsre Sünden, denn auch wir vergeben allen, die uns schuldig

sind. Und führe uns nicht in Versuchung, sondern erlöse uns von dem Übel.

5 Und er sprach zu ihnen: Welcher ist unter euch, der einen Freund hat und ginge zu ihm zu Mitternacht und spräche zu ihm: Lieber Freund, leihe mir drei Brote;

6 denn es ist mein Freund zu mir gekommen von der Straße, und ich habe nicht, was ich ihm vorlege;

7 und er drinnen würde antworten und sprechen: Mache mir keine Unruhe! die Tür ist schon zugeschlossen, und meine Kindlein sind bei mir in der Kammer; ich kann nicht aufstehen und dir geben.

8 Ich sage euch: Und ob er nicht aufsteht und gibt ihm, darum daß er sein Freund ist, so wird er doch um seines unverschämten Geilens willen aufstehen und ihm geben, wieviel er bedarf.

9 Und ich sage euch auch: Bittet, so wird euch gegeben; suchet, so werdet ihr finden; klopfet an, so wird euch aufgetan.

10 Denn wer da bittet, der nimmt; und wer da sucht, der findet; und wer da anklopft, dem wird aufgetan.

11 Wo bittet unter euch ein Sohn den

Vater ums Brot, der ihm einen Stein dafür biete? und, so er um einen Fisch bittet, der ihm eine Schlange für den Fisch biete?

12 oder, so er um ein Ei bittet, der ihm einen Skorpion dafür biete?

13 So denn ihr, die ihr arg seid, könnet euren Kindern gute Gaben geben, wie viel mehr wird der Vater im Himmel den heiligen Geist geben denen, die ihn bitten!

14 Und er trieb einen Teufel aus, der war stumm. Und es geschah, da der Teufel ausfuhr, da redete der Stumme. Und das Volk verwunderte sich.

15 Etliche aber unter ihnen sprachen: Er treibt die Teufel aus durch Beelzebub, den Obersten der Teufel.

16 Die andern aber versuchten ihn und begehrten ein Zeichen von ihm vom Himmel.

17 Er aber erkannte ihre Gedanken und sprach zu ihnen: Ein jeglich Reich, so es mit sich selbst uneins wird, das wird wüst; und ein Haus fällt über das andere.

18 Ist denn der Satanas auch mit sich selbst uneins, wie will sein Reich

bestehen? dieweil ihr sagt, ich treibe die Teufel aus durch Beelzebub.

19 So aber ich die Teufel durch Beelzebub austreibe, durch wen treiben sie eure Kinder aus? Darum werden sie eure Richter sein.

20 So ich aber durch Gottes Finger die Teufel austreibe, so kommt ja das Reich Gottes zu euch.

21 Wenn ein starker Gewappneter seinen Palast bewahrt, so bleibt das seine mit Frieden.

22 Wenn aber ein Stärkerer über ihn kommt und überwindet ihn, so nimmt er ihm seinen Harnisch, darauf er sich verließ, und teilt den Raub aus.

23 Wer nicht mit mir ist, der ist wider mich; und wer nicht mit mir sammelt, der zerstreut.

24 Wenn der unsaubere Geist von dem Menschen ausfährt, so durchwandelt er dürre Stätten, sucht Ruhe und findet sie nicht, so spricht er: Ich will wieder umkehren in mein Haus, daraus ich gegangen bin.

25 Und wenn er kommt, so findet er's gekehrt und geschmückt.

26 Dann geht er hin und nimmt sieben Geister zu sich, die ärger sind denn er selbst; und wenn sie hineinkommen, wohnen sie da, und es wird hernach mit demselben Menschen ärger denn zuvor.

27 Und es begab sich, da er solches redete, erhob ein Weib im Volk die Stimme und sprach zu ihm: Selig ist der Leib, der dich getragen hat, und die Brüste, die du gesogen hast.

28 Er aber sprach: Ja, selig sind, die das Wort Gottes hören und bewahren.

29 Das Volk aber drang hinzu. Da fing er an und sagte: Dies ist eine arge Art; sie begehrt ein Zeichen, und es wird ihr kein Zeichen gegeben denn nur das Zeichen des Propheten Jona.

30 Denn wie Jona ein Zeichen war den Niniviten, also wird des Menschen Sohn sein diesem Geschlecht.

31 Die Königin von Mittag wird auftreten vor dem Gericht mit den Leuten dieses Geschlechts und wird sie verdammen; denn sie kam von der Welt Ende, zu hören die Weisheit Salomos. Und siehe, hier ist mehr denn Salomo.

32 Die Leute von Ninive werden

auftreten vor dem Gericht mit diesem Geschlecht und werden's verdammen; denn sie taten Buße nach der Predigt des Jona. Und siehe, hier ist mehr denn Jona.

33 Niemand zündet ein Licht an und setzt es an einen heimlichen Ort, auch nicht unter einen Scheffel, sondern auf den Leuchter, auf daß, wer hineingeht, das Licht sehe.

34 Das Auge ist des Leibes Licht. Wenn nun dein Auge einfältig ist, so ist dein ganzer Leib licht; so aber dein Auge ein Schalk ist, so ist auch dein Leib finster.

35 So schaue darauf, daß nicht das Licht in dir Finsternis sei.

36 Wenn nun dein Leib ganz licht ist, daß er kein Stück von Finsternis hat, so wird er ganz licht sein, wie wenn ein Licht mit hellem Blitz dich erleuchtet.

37 Da er aber in der Rede war, bat ihn ein Pharisäer, daß er mit ihm das Mittagsmahl äße. Und er ging hinein und setzte sich zu Tische.

38 Da das der Pharisäer sah, verwunderte er sich, daß er sich nicht vor dem Essen gewaschen hätte.

39 Der HERR aber sprach zu ihm: Ihr

Pharisäer haltet die Becher und Schüsseln auswendig reinlich, aber euer Inwendiges ist voll Raubes und Bosheit.

40 Ihr Narren, meinet ihr, daß es inwendig rein sei, wenn's auswendig rein ist?

41 Doch gebt Almosen von dem, was da ist, siehe, so ist's euch alles rein.

42 Aber weh euch Pharisäern, daß ihr verzehnt die Minze und Raute und allerlei Kohl, und geht vorbei an dem Gericht und an der Liebe Gottes! Dies sollte man tun und jenes nicht lassen.

43 Weh euch Pharisäern, daß ihr gerne obenan sitzt in den Schulen und wollt gegrüßt sein auf dem Markte.

44 Weh euch, Schriftgelehrte und Pharisäer, ihr Heuchler, daß ihr seid wie die verdeckten Totengräber, darüber die Leute laufen, und kennen sie nicht!

45 Da antwortete einer von den Schriftgelehrten und sprach zu ihm: Meister, mit den Worten schmähst du uns auch.

46 Er aber sprach: Und weh auch euch Schriftgelehrten! denn ihr beladet die Menschen mit unerträglichen Lasten, und

ihr rührt sie nicht mit einem Finger an.

47 Weh euch! denn ihr baut der Propheten Gräber; eure Väter aber haben sie getötet.

48 So bezeugt ihr und willigt in eurer Väter Werke; denn sie töteten sie, so baut ihr ihre Gräber.

49 Darum spricht die Weisheit Gottes: Ich will Propheten und Apostel zu ihnen senden, und derselben werden sie etliche töten und verfolgen;

50 auf daß gefordert werde von diesem Geschlecht aller Propheten Blut, das vergossen ist, seit der Welt Grund gelegt ist,

51 von Abels Blut an bis auf das Blut des Zacharias, der umkam zwischen dem Altar und Tempel. Ja, ich sage euch: Es wird gefordert werden von diesem Geschlecht.

52 Weh euch Schriftgelehrten! denn ihr habt den Schlüssel der Erkenntnis weggenommen. Ihr kommt nicht hinein und wehret denen, die hinein wollen.

53 Da er aber solches zu ihnen sagte, fingen an die Schriftgelehrten und Pharisäer, hart auf ihn zu dringen und ihm

mit mancherlei Fragen zuzusetzen,

54 und lauerten auf ihn und suchten, ob sie etwas erjagen könnten aus seinem Munde, daß sie eine Sache wider ihn hätten.

12. Kapitel

Warnung vor Heuchelei, Zaghaftigkeit und Geiz. Ermahnung zur Wachsamkeit und Verträglichkeit. Zeichen der Zeit.

1 Es lief das Volk zu und kamen etliche Tausend zusammen, also daß sie sich untereinander traten. Da fing er an und sagte zu seinen Jüngern: Zum ersten hütet euch vor dem Sauerteig der Pharisäer, welches ist die Heuchelei.

2 Es ist aber nichts verborgen, das nicht offenbar werde, noch heimlich, das man nicht wissen werde.

3 Darum, was ihr in der Finsternis saget, das wird man im Licht hören; was ihr redet ins Ohr in den Kammern, das wird man auf den Dächern predigen.

4 Ich sage euch aber, meinen Freunden:

Fürchtet euch nicht vor denen die den Leib töten, und darnach nichts mehr tun können.

5 Ich will euch aber zeigen, vor welchem ihr euch fürchten sollt: Fürchtet euch vor dem, der, nachdem er getötet hat, auch Macht hat, zu werfen in die Hölle. Ja, ich sage euch, vor dem fürchtet euch.

6 Verkauft man nicht fünf Sperlinge um zwei Pfennige? Dennoch ist vor Gott deren nicht eines vergessen.

7 Aber auch die Haare auf eurem Haupt sind alle gezählt. Darum fürchtet euch nicht; ihr seid besser denn viele Sperlinge.

8 Ich aber sage euch: Wer mich bekennet vor den Menschen, den wird auch des Menschen Sohn bekennen vor den Engeln Gottes.

9 Wer mich aber verleugnet vor den Menschen, der wird verleugnet werden vor den Engeln Gottes.

10 Und wer da redet ein Wort wider des Menschen Sohn, dem soll es vergeben werden; wer aber lästert den heiligen Geist, dem soll es nicht vergeben werden.

11 Wenn sie euch aber führen werden in ihre Schulen und vor die Obrigkeit und vor die Gewaltigen, so sorget nicht, wie oder was ihr antworten oder was ihr sagen sollt;

12 denn der heilige Geist wird euch zu derselben Stunde lehren, was ihr sagen sollt.

13 Es sprach aber einer aus dem Volk zu ihm: Meister, sage meinem Bruder, daß er mit mir das Erbe teile.

14 Er aber sprach zu ihm: Mensch, wer hat mich zum Richter oder Erbschichter über euch gesetzt?

15 Und er sprach zu ihnen: Sehet zu und hütet euch vor dem Geiz; denn niemand lebt davon, daß er viele Güter hat.

16 Und er sagte ihnen ein Gleichnis und sprach: Es war ein reicher Mensch, das Feld hatte wohl getragen.

17 Und er gedachte bei sich selbst und sprach: Was soll ich tun? Ich habe nicht, da ich meine Früchte hin sammle.

18 Und sprach: Das will ich tun: ich will meine Scheunen abbrechen und größere bauen und will drein sammeln alles, was mir gewachsen ist, und meine Güter;

19 und will sagen zu meiner Seele: Liebe Seele, du hast einen großen Vorrat auf viele Jahre; habe nun Ruhe, iß, trink und habe guten Mut!

20 Aber Gott sprach zu ihm: Du Narr! diese Nacht wird man deine Seele von dir fordern; und wes wird's sein, das du bereitet hast?

21 Also geht es, wer sich Schätze sammelt und ist nicht reich in Gott.

22 Er sprach aber zu seinen Jüngern: Darum sage ich euch: Sorget nicht für euer Leben, was ihr essen sollt, auch nicht für euren Leib, was ihr antun sollt.

23 Das Leben ist mehr denn die Speise, und der Leib mehr denn die Kleidung.

24 Nehmet wahr der Raben: die sähen nicht, sie ernten auch nicht, sie haben auch keinen Keller noch Scheune; und Gott nährt sie doch. Wie viel aber seid ihr besser denn die Vögel!

25 Welcher ist unter euch, ob er schon darum sorget, der da könnte eine Elle seiner Länge zusetzen?

26 So ihr denn das Geringste nicht vermöget, warum sorgt ihr für das andere?

27 Nehmet wahr der Lilien auf dem Felde, wie sie wachsen: sie arbeiten nicht, auch spinnen sie nicht. Ich sage euch aber, daß auch Salomo in aller seiner Herrlichkeit nicht ist bekleidet gewesen als deren eines.

28 So denn das Gras, das heute auf dem Felde steht und morgen in den Ofen geworfen wird, Gott also kleidet, wie viel mehr wird er euch kleiden, ihr Kleingläubigen!

29 Darum auch ihr, fraget nicht darnach, was ihr essen oder was ihr trinken sollt, und fahret nicht hoch her.

30 Nach solchem allen trachten die Heiden in der Welt; aber euer Vater weiß wohl, das ihr des bedürfet.

31 Doch trachtet nach dem Reich Gottes, so wird euch das alles zufallen.

32 Fürchte dich nicht, du kleine Herde! denn es ist eures Vaters Wohlgefallen, euch das Reich zu geben.

33 Verkaufet, was ihr habt, und gebt Almosen. Machet euch Beutel, die nicht veralten, einen Schatz, der nimmer abnimmt, im Himmel, da kein Dieb zukommt, und den keine Motten fressen.

34 Denn wo euer Schatz ist, da wird auch euer Herz sein.

35 Lasset eure Lenden umgürtet sein und eure Lichter brennen

36 und seid gleich den Menschen, die auf ihren Herrn warten, wann er aufbrechen wird von der Hochzeit, auf daß, wenn er kommt und anklopft, sie ihm alsbald auftun.

37 Selig sind die Knechte, die der Herr, so er kommt, wachend findet. Wahrlich, ich sage euch: Er wird sich aufschürzen und wird sie zu Tische setzen und vor ihnen gehen und ihnen dienen.

38 Und so er kommt in der anderen Wache und in der dritten Wache und wird's also finden: selig sind diese Knechte.

39 Das sollt ihr aber wissen: Wenn ein Hausherr wüßte, zu welcher Stunde der Dieb käme, so wachte er und ließe nicht in sein Haus brechen.

40 Darum seid auch ihr bereit; denn des Menschen Sohn wird kommen zu der Stunde, da ihr's nicht meinet.

41 Petrus aber sprach zu ihm: HERR, sagst du dies Gleichnis zu uns oder auch

zu allen?

42 Der HERR aber sprach: Wie ein großes Ding ist's um einen treuen und klugen Haushalter, welchen der Herr setzt über sein Gesinde, daß er ihnen zur rechten Zeit ihre Gebühr gebe!

43 Selig ist der Knecht, welchen sein Herr findet tun also, wenn er kommt.

44 Wahrlich, ich sage euch: Er wird ihn über alle seine Güter setzen.

45 So aber der Knecht in seinem Herzen sagen wird: Mein Herr verzieht zu kommen, und fängt an, zu schlagen die Knechte und Mägde, auch zu essen und zu trinken und sich vollzusaufen:

46 so wird des Knechtes Herr kommen an dem Tage, da er sich's nicht versieht, und zu der Stunde, die er nicht weiß, und wird ihn zerscheitern und wird ihm seinen Lohn geben mit den Ungläubigen.

47 Der Knecht aber, der seines Herrn Willen weiß, und hat sich nicht bereitet, auch nicht nach seinem Willen getan, der wird viel Streiche leiden müssen.

48 Der es aber nicht weiß, hat aber getan, was der Streiche wert ist, wird wenig Streiche leiden. Denn welchem

viel gegeben ist, bei dem wird man viel suchen; und welchem viel befohlen ist, von dem wird man viel fordern.

49 Ich bin gekommen, daß ich ein Feuer anzünde auf Erden; was wollte ich lieber, denn es brennete schon!

50 Aber ich muß mich zuvor taufen lassen mit einer Taufe; wie ist mir so bange, bis sie vollendet werde!

51 Meinet ihr, daß ich hergekommen bin, Frieden zu bringen auf Erden? Ich sage: Nein, sondern Zwietracht.

52 Denn von nun an werden fünf in einem Hause uneins sein, drei wider zwei, und zwei wider drei.

53 Es wird sein der Vater wider den Sohn, und der Sohn wider den Vater; die Mutter wider die Tochter, und die Tochter wider die Mutter; die Schwiegermutter wider die Schwiegertochter, und die Schwiegertochter wider die Schwiegermutter.

54 Er sprach aber zu dem Volk: Wenn ihr eine Wolke sehet aufgehen am Abend, so sprecht ihr alsbald: Es kommt ein Regen, und es geschieht also.

55 Und wenn ihr sehet den Südwind

wehen, so sprecht ihr: Es wird heiß werden, und es geschieht also.

56 Ihr Heuchler! die Gestalt der Erde und des Himmels könnt ihr prüfen; wie prüft ihr aber diese Zeit nicht?

57 Warum richtet ihr aber nicht von euch selber, was recht ist?

58 So du aber mit deinem Widersacher vor den Fürsten gehst, so tu Fleiß auf dem Wege, das du ihn los werdest, auf daß er nicht etwa dich vor den Richter ziehe, und der Richter überantworte dich dem Stockmeister, und der Stockmeister werfe dich ins Gefängnis.

59 Ich sage dir: Du wirst von dannen nicht herauskommen, bis du den allerletzten Heller bezahlest.

13. Kapitel

Bußpredigt Jesu über den Untergang der Galiläer. Heilung einer Krankheit am Sabbat. Gleichnisse und Reden vom Reich Gottes Nachstellung des Herodes. Wehklage über Jerusalem.

1 Es waren aber zu der Zeit etliche dabei, die verkündigten ihm von den Galiläern, deren Blut Pilatus mit ihrem Opfer vermischt hatte.

2 Und Jesus antwortete und sprach zu ihnen: Meinet ihr, daß diese Galiläer vor allen Galiläern Sünder gewesen sind, dieweil sie das erlitten haben?

3 Ich sage: Nein; sondern so ihr euch nicht bessert, werdet ihr alle auch also umkommen.

4 Oder meinet ihr, daß die achtzehn, auf die der Turm von Siloah fiel und erschlug sie, seien schuldig gewesen vor allen Menschen, die zu Jerusalem wohnen?

5 Ich sage: Nein; sondern so ihr euch nicht bessert, werdet ihr alle auch also umkommen.

6 Er sagte ihnen aber dies Gleichnis: Es

hatte einer einen Feigenbaum, der war gepflanzt in seinem Weinberge; und er kam und suchte Frucht darauf, und fand sie nicht.

7 Da sprach er zu dem Weingärtner: Siehe, ich bin nun drei Jahre lang alle Jahre gekommen und habe Frucht gesucht auf diesem Feigenbaum, und finde sie nicht. Haue ihn ab! was hindert er das Land?

8 Er aber antwortete und sprach zu ihm: Herr, laß ihn noch dies Jahr, bis daß ich um ihn grabe und bedünge ihn,

9 ob er wolle Frucht bringen, wo nicht so haue ihn darnach ab.

10 Und er lehrte in einer Schule am Sabbat.

11 Und siehe, ein Weib war da, das hatte einen Geist der Krankheit achtzehn Jahre; und sie war krumm und konnte nicht wohl aufsehen.

12 Da sie aber Jesus sah, rief er sie zu sich und sprach zu ihr: Weib, sei los von deiner Krankheit!

13 Und legte die Hände auf sie; und alsobald richtete sie sich auf und pries Gott.

14 Da antwortete der Oberste der Schule und war unwillig, daß Jesus am Sabbat heilte, und sprach zu dem Volk: Es sind sechs Tage, an denen man arbeiten soll; an ihnen kommt und laßt euch heilen, und nicht am Sabbattage.

15 Da antwortete ihm der HERR und sprach: Du Heuchler! löst nicht ein jeglicher unter euch seinen Ochsen oder Esel von der Krippe am Sabbat und führt ihn zur Tränke?

16 Sollte aber nicht gelöst werden am Sabbat diese, die doch Abrahams Tochter ist, von diesem Bande, welche Satanas gebunden hatte nun wohl achtzehn Jahre?

17 Und als er solches sagte, mußten sich schämen alle, die ihm zuwider gewesen waren; und alles Volk freute sich über alle herrlichen Taten, die von ihm geschahen.

18 Er sprach aber: Wem ist das Reich Gottes gleich, und wem soll ich's vergleichen?

19 Es ist einem Senfkorn gleich, welches ein Mensch nahm und warf's in seinen Garten; und es wuchs und ward ein großer Baum, und die Vögel des

Himmels wohnten unter seinen Zweigen.

20 Und abermals sprach er: Wem soll ich das Reich Gottes vergleichen?

21 Es ist einem Sauerteige gleich, welchen ein Weib nahm und verbarg ihn unter drei Scheffel Mehl, bis daß es ganz sauer ward.

22 Und er ging durch Städte und Märkte und lehrte und nahm seinen Weg gen Jerusalem.

23 Es sprach aber einer zu ihm: HERR, meinst du, daß wenige selig werden? Er aber sprach zu ihnen:

24 Ringet darnach, daß ihr durch die enge Pforte eingehet; denn viele werden, das sage ich euch, darnach trachten, wie sie hineinkommen, und werden's nicht tun können.

25 Von dem an, wenn der Hauswirt aufgestanden ist und die Tür verschlossen hat, da werdet ihr dann anfangen draußen zu stehen und an die Tür klopfen und sagen: HERR, HERR, tu uns auf! Und er wird antworten und zu euch sagen: Ich kenne euch nicht, wo ihr her seid?

26 So werdet ihr dann anfangen zu

sagen: Wir haben vor dir gegessen und getrunken, und auf den Gassen hast du uns gelehrt.

27 Und er wird sagen: Ich sage euch: Ich kenne euch nicht, wo ihr her seid; weichet alle von mir, ihr Übeltäter.

28 Da wird sein Heulen und Zähneklappen, wenn ihr sehen werdet Abraham und Isaak und Jakob und alle Propheten im Reich Gottes, euch aber hinausgestoßen.

29 Und es werden kommen vom Morgen und vom Abend, von Mitternacht und vom Mittage, die zu Tische sitzen werden im Reich Gottes.

30 Und siehe, es sind Letzte, die werden die Ersten sein, und sind Erste, die werden die Letzten sein.

31 An demselben Tage kamen etliche Pharisäer und sprachen zu ihm: Hebe dich hinaus und gehe von hinnen; denn Herodes will dich töten!

32 Und er sprach zu ihnen: Gehet hin und saget diesem Fuchs: Siehe, ich treibe Teufel aus und mache gesund heut und morgen, und am dritten Tage werde ich ein Ende nehmen.

33 Doch muß ich heute und morgen und am Tage darnach wandeln; denn es tut's nicht, daß ein Prophet umkomme außer Jerusalem.

34 Jerusalem, Jerusalem, die du tötest die Propheten und steinigest, die zu dir gesandt werden, wie oft habe ich wollen deine Kinder versammeln, wie eine Henne ihr Nest unter ihre Flügel, und ihr habt nicht gewollt!

35 Sehet, euer Haus soll euch wüst gelassen werden. Denn ich sage euch: Ihr werdet mich nicht sehen, bis daß es komme, daß ihr sagen werdet: Gelobt ist, der da kommt im Namen des HERRN!

14. Kapitel

Heilung eines Wassersüchtigen am Sabbat. Ermahnung zur Demut und Wohltätigkeit. Gleichnis vom großen Abendmahl. Selbstverleugnung.

1 Und es begab sich, daß er kam in ein Haus eines Obersten der Pharisäer an einem Sabbat, das Brot zu essen; und sie

hatten acht auf ihn.

2 Und siehe, da war ein Mensch vor ihm, der war wassersüchtig.

3 Und Jesus antwortete und sagte zu den Schriftgelehrten und Pharisäern und sprach: Ist's auch recht, am Sabbat zu heilen?

4 Sie aber schwiegen still. Und er griff ihn an und heilte ihn und ließ ihn gehen.

5 Und antwortete und sprach zu ihnen: Welcher ist unter euch, dem sein Ochse oder Esel in den Brunnen fällt, und der nicht alsbald ihn herauszieht am Sabbattage?

6 Und sie konnten ihm darauf nicht wieder Antwort geben.

7 Er sagte aber ein Gleichnis zu den Gästen, da er merkte, wie sie erwählten obenan zu sitzen, und sprach zu ihnen:

8 Wenn du von jemand geladen wirst zur Hochzeit, so setze dich nicht obenan, daß nicht etwa ein Vornehmerer denn du von ihm geladen sei,

9 und dann komme, der dich und ihn geladen hat, und spreche zu dir: Weiche diesem! und du müssest dann mit Scham untenan sitzen.

10 Sondern wenn du geladen wirst, so gehe hin und setze dich untenan, auf daß, wenn da kommt, der dich geladen hat, er spreche zu dir: Freund, rücke hinauf! Dann wirst du Ehre haben vor denen, die mit dir am Tische sitzen.

11 Denn wer sich selbst erhöht, der soll erniedrigt werden; und wer sich selbst erniedrigt, der soll erhöht werden.

12 Er sprach auch zu dem, der ihn geladen hatte: Wenn du ein Mittags- oder Abendmahl machst, so lade nicht deine Freunde noch deine Brüder noch deine Gefreunden noch deine Nachbarn, die da reich sind, auf daß sie dich nicht etwa wieder laden und dir vergolten werde.

13 Sondern wenn du ein Mahl machst, so lade die Armen, die Krüppel, die Lahmen, die Blinden,

14 so bist du selig; denn sie haben's dir nicht zu vergelten, es wird dir aber vergolten werden in der Auferstehung der Gerechten.

15 Da aber solches hörte einer, der mit zu Tische saß, sprach er zu ihm: Selig ist, der das Brot ißt im Reiche Gottes.

16 Er aber sprach zu ihm: Es war ein

Mensch, der machte ein großes Abendmahl und lud viele dazu.

17 Und sandte seinen Knecht aus zur Stunde des Abendmahls, zu sagen den Geladenen: Kommt, denn es ist alles bereit!

18 Und sie fingen an, alle nacheinander, sich zu entschuldigen. Der erste sprach zu ihm: Ich habe einen Acker gekauft und muß hinausgehen und ihn besehen; ich bitte dich, entschuldige mich.

19 Und der andere sprach: Ich habe fünf Joch Ochsen gekauft, und ich gehe jetzt hin, sie zu besehen; ich bitte dich, entschuldige mich.

20 Und der dritte sprach: Ich habe ein Weib genommen, darum kann ich nicht kommen.

21 Und der Knecht kam und sagte das seinem Herrn wieder. Da ward der Hausherr zornig und sprach zu seinem Knechte: Gehe aus schnell auf die Straßen und Gassen der Stadt und führe die Armen und Krüppel und Lahmen und Blinden herein.

22 Und der Knecht sprach: Herr, es ist geschehen, was du befohlen hast; es ist

aber noch Raum da.

23 Und der Herr sprach zu dem Knechte: Gehe aus auf die Landstraßen und an die Zäune und nötige sie hereinzukommen, auf das mein Haus voll werde.

24 Ich sage euch aber, daß der Männer keiner, die geladen waren, mein Abendmahl schmecken wird.

25 Es ging aber viel Volks mit ihm; und er wandte sich und sprach zu ihnen:

26 So jemand zu mir kommt und haßt nicht seinen Vater, Mutter, Weib, Kinder, Brüder, Schwestern, auch dazu sein eigen Leben, der kann nicht mein Jünger sein.

27 Und wer nicht sein Kreuz trägt und mir nachfolgt, der kann nicht mein Jünger sein.

28 Wer ist aber unter euch, der einen Turm bauen will, und sitzt nicht zuvor und überschlägt die Kosten, ob er's habe, hinauszuführen?

29 auf daß nicht, wo er Grund gelegt hat und kann's nicht hinausführen, alle, die es sehen, fangen an, sein zu spotten,

30 und sagen: Dieser Mensch hob an zu bauen, und kann's nicht hinausführen.

31 Oder welcher König will sich

begeben in einen Streit wider einen andern König und sitzt nicht zuvor und ratschlagt, ob er könne mit zehntausend begegnen dem, der über ihn kommt mit zwanzigtausend?

32 Wo nicht, so schickt er Botschaft, wenn jener noch ferne ist, und bittet um Frieden.

33 Also muß auch ein jeglicher unter euch, der nicht absagt allem, was er hat, kann nicht mein Jünger sein.

34 Das Salz ist ein gutes Ding; wo aber das Salz dumm wird, womit wird man's würzen?

35 Es ist weder auf das Land noch in den Mist nütze, sondern man wird's wegwerfen. Wer Ohren hat, zu hören, der höre!

15. Kapitel

Gleichnisse vom verlorenen Schaf, Groschen und Sohn.

1 Es nahten aber zu ihm allerlei Zöllner und Sünder, daß sie ihn hörten.

2 Und die Pharisäer und Schriftgelehrten murrten und sprachen: Dieser nimmt die Sünder an und isset mit ihnen.

3 Er sagte aber zu ihnen dies Gleichnis und sprach:

4 Welcher Mensch ist unter euch, der hundert Schafe hat und, so er der eines verliert, der nicht lasse die neunundneunzig in der Wüste und hingehe nach dem verlorenen, bis daß er's finde?

5 Und wenn er's gefunden hat, so legt er's auf seine Achseln mit Freuden.

6 Und wenn er heimkommt, ruft er seine Freunde und Nachbarn und spricht zu ihnen: Freuet euch mit mir; denn ich habe mein Schaf gefunden, das verloren war.

7 Ich sage euch: Also wird auch Freude im Himmel sein über einen Sünder, der Buße tut, vor neunundneunzig Gerechten, die der Buße nicht bedürfen.

8 Oder welches Weib ist, die zehn Groschen hat, so sie der einen verliert, die nicht ein Licht anzünde und kehre das Haus und suche mit Fleiß, bis daß sie ihn finde?

9 Und wenn sie ihn gefunden hat, ruft sie ihre Freundinnen und Nachbarinnen und

spricht: Freuet euch mit mir; denn ich habe meinen Groschen gefunden, den ich verloren hatte.

10 Also auch, sage ich euch, wird Freude sein vor den Engeln Gottes über einen Sünder, der Buße tut.

11 Und er sprach: Ein Mensch hatte zwei Söhne.

12 Und der jüngste unter ihnen sprach zu dem Vater: Gib mir, Vater, das Teil der Güter, das mir gehört. Und er teilte ihnen das Gut.

13 Und nicht lange darnach sammelte der jüngste Sohn alles zusammen und zog ferne über Land; und daselbst brachte er sein Gut um mit Prassen.

14 Da er nun all das Seine verzehrt hatte, ward eine große Teuerung durch dasselbe ganze Land, und er fing an zu darben.

15 Und ging hin und hängte sich an einen Bürger des Landes; der schickte ihn auf seinen Acker, die Säue zu hüten.

16 Und er begehrte seinen Bauch zu füllen mit Trebern, die die Säue aßen; und niemand gab sie ihm.

17 Da schlug er in sich und sprach: Wie

viel Tagelöhner hat mein Vater, die Brot die Fülle haben, und ich verderbe im Hunger!

18 Ich will mich aufmachen und zu meinem Vater gehen und zu ihm sagen: Vater, ich habe gesündigt gegen den Himmel und vor dir

19 und bin hinfort nicht mehr wert, daß ich dein Sohn heiße; mache mich zu einem deiner Tagelöhner!

20 Und er machte sich auf und kam zu seinem Vater. Da er aber noch ferne von dannen war, sah ihn sein Vater, und es jammerte ihn, lief und fiel ihm um seinen Hals und küßte ihn.

21 Der Sohn aber sprach zu ihm: Vater, ich habe gesündigt gegen den Himmel und vor dir; ich bin hinfort nicht mehr wert, daß ich dein Sohn heiße.

22 Aber der Vater sprach zu seinen Knechten: Bringet das beste Kleid hervor und tut es ihm an, und gebet ihm einen Fingerreif an seine Hand und Schuhe an seine Füße,

23 und bringet ein gemästet Kalb her und schlachtet's; lasset uns essen und fröhlich sein!

24 denn dieser mein Sohn war tot und ist wieder lebendig geworden; er war verloren und ist gefunden worden. Und sie fingen an fröhlich zu sein.

25 Aber der älteste Sohn war auf dem Felde. Und als er nahe zum Hause kam, hörte er das Gesänge und den Reigen;

26 und er rief zu sich der Knechte einen und fragte, was das wäre.

27 Der aber sagte ihm: Dein Bruder ist gekommen, und dein Vater hat ein gemästet Kalb geschlachtet, daß er ihn gesund wieder hat.

28 Da ward er zornig und wollte nicht hineingehen. Da ging sein Vater heraus und bat ihn.

29 Er aber antwortete und sprach zum Vater: Siehe, so viel Jahre diene ich dir und habe dein Gebot noch nie übertreten; und du hast mir nie einen Bock gegeben, daß ich mit meinen Freunden fröhlich wäre.

30 Nun aber dieser dein Sohn gekommen ist, der sein Gut mit Huren verschlungen hat, hast du ihm ein gemästet Kalb geschlachtet.

31 Er aber sprach zu ihm: Mein Sohn, du

bist allezeit bei mir, und alles, was mein ist, das ist dein.

32 Du solltest aber fröhlich und gutes Muts sein; denn dieser dein Bruder war tot und ist wieder lebendig geworden; er war verloren und ist wieder gefunden.

16. Kapitel

Gleichnisse vom ungerechten Haushalter, vom reichen Mann und armen Lazarus.

1 Er aber sprach zu seinen Jüngern: Es war ein reicher Mann, der hatte einen Haushalter; der ward von ihm berüchtigt, als hätte er ihm seine Güter umgebracht.

2 Und er forderte ihn und sprach zu ihm: Wie höre ich das von dir? Tu Rechnung von deinem Haushalten; denn du kannst hinfort nicht Haushalter sein!

3 Der Haushalter sprach bei sich selbst: Was soll ich tun? Mein Herr nimmt das Amt von mir; graben kann ich nicht, so schäme ich mich zu betteln.

4 Ich weiß wohl, was ich tun will, wenn ich nun von dem Amt gesetzt werde, daß

sie mich in ihre Häuser nehmen.

5 Und er rief zu sich alle Schuldner seines Herrn und sprach zu dem ersten: Wie viel bist du meinem Herrn schuldig?

6 Er sprach: Hundert Tonnen Öl. Und er sprach zu ihm: Nimm deinen Brief, setze dich und schreib flugs fünfzig.

7 Darnach sprach er zu dem andern: Du aber, wie viel bist du schuldig? Er sprach: Hundert Malter Weizen. Und er sprach zu ihm: Nimm deinen Brief und schreib achtzig.

8 Und der HERR lobte den ungerechten Haushalter, daß er klüglich gehandelt hatte; denn die Kinder dieser Welt sind klüger als die Kinder des Lichtes in ihrem Geschlecht.

9 Und ich sage euch auch: Machet euch Freunde mit dem ungerechten Mammon, auf daß, wenn ihr nun darbet, sie euch aufnehmen in die ewigen Hütten.

10 Wer im geringsten treu ist, der ist auch im Großen treu; und wer im Geringsten unrecht ist, der ist auch im Großen unrecht.

11 So ihr nun in dem ungerechten Mammon nicht treu seid, wer will euch

das Wahrhaftige vertrauen?

12 Und so ihr in dem Fremden nicht treu seid, wer wird euch geben, was euer ist?

13 Kein Knecht kann zwei Herren dienen: entweder er wird den einen hassen und den andern lieben, oder er wird dem einen anhangen und den andern verachten. Ihr könnt nicht Gott samt dem Mammon dienen.

14 Das alles hörten die Pharisäer auch, und waren geizig, und spotteten sein.

15 Und er sprach zu ihnen: Ihr seid's, die ihr euch selbst rechtfertigt vor den Menschen; aber Gott kennt eure Herzen; denn was hoch ist unter den Menschen, das ist ein Greuel vor Gott.

16 Das Gesetz und die Propheten weissagen bis auf Johannes; und von der Zeit wird das Reich Gottes durchs Evangelium gepredigt, und jedermann dringt mit Gewalt hinein.

17 Es ist aber leichter, daß Himmel und Erde vergehen, denn daß ein Tüttel am Gesetz falle.

18 Wer sich scheidet von seinem Weibe und freit eine andere, der bricht die Ehe; und wer die von dem Manne

Geschiedene freit, der bricht auch die Ehe.

19 Es war aber ein reicher Mann, der kleidete sich mit Purpur und köstlicher Leinwand und lebte alle Tage herrlich und in Freuden.

20 Es war aber ein armer Mann mit Namen Lazarus, der lag vor seiner Tür voller Schwären

21 und begehrte sich zu sättigen von den Brosamen, die von des Reichen Tische fielen; doch kamen die Hunde und leckten ihm seine Schwären.

22 Es begab sich aber, daß der Arme starb und ward getragen von den Engeln in Abrahams Schoß. Der Reiche aber starb auch und ward begraben.

23 Als er nun in der Hölle und in der Qual war, hob er seine Augen auf und sah Abraham von ferne und Lazarus in seinem Schoß.

24 Und er rief und sprach: Vater Abraham, erbarme dich mein und sende Lazarus, daß er die Spitze seines Fingers ins Wasser tauche und kühle meine Zunge; denn ich leide Pein in dieser Flamme.

25 Abraham aber sprach: Gedenke, Sohn, daß du dein Gutes empfangen hast in deinem Leben, und Lazarus dagegen hat Böses empfangen; nun aber wird er getröstet, und du wirst gepeinigt.

26 Und über das alles ist zwischen uns und euch eine große Kluft befestigt, daß die wollten von hinnen hinabfahren zu euch, könnten nicht, und auch nicht von dannen zu uns herüberfahren.

27 Da sprach er: So bitte ich dich, Vater, daß du ihn sendest in meines Vaters Haus;

28 denn ich habe noch fünf Brüder, daß er ihnen bezeuge, auf daß sie nicht auch kommen an diesen Ort der Qual.

29 Abraham sprach zu ihm: Sie haben Mose und die Propheten; laß sie dieselben hören.

30 Er aber sprach: Nein, Vater Abraham! sondern wenn einer von den Toten zu ihnen ginge, so würden sie Buße tun.

31 Er sprach zu ihm: Hören sie Mose und die Propheten nicht, so werden sie auch nicht glauben, wenn jemand von den Toten aufstünde.

17. Kapitel

Von Ärgernis, Versöhnlichkeit, Glauben und Werken. Heilung zehn Aussätziger.
Zukunft des Reiches Gottes.

1 Er sprach aber zu seinen Jüngern: Es ist unmöglich, daß nicht Ärgernisse kommen; weh aber dem, durch welchen sie kommen!

2 Es wäre ihm besser, daß man einen Mühlstein an seinen Hals hängte und würfe ihn ins Meer, denn daß er dieser Kleinen einen ärgert.

3 Hütet euch! So dein Bruder an dir sündigt, so strafe ihn; und so es ihn reut, vergib ihm.

4 Und wenn er siebenmal des Tages an dir sündigen würde und siebenmal des Tages wiederkäme zu dir und spräche: Es reut mich! so sollst du ihm vergeben.

5 Und die Apostel sprachen zum HERRN: Stärke uns den Glauben!

6 Der HERR aber sprach: Wenn ihr Glauben habt wie ein Senfkorn und sagt zu diesem Maulbeerbaum: Reiß dich aus und versetze dich ins Meer! so wird er

euch gehorsam sein.

7 Welcher ist unter euch, der einen Knecht hat, der ihm pflügt oder das Vieh weidet, wenn er heimkommt vom Felde, daß er ihm alsbald sage: Gehe alsbald hin und setze dich zu Tische?

8 Ist's nicht also, daß er zu ihm sagt: Richte zu, was ich zum Abend esse, schürze dich und diene mir, bis ich esse und trinke; darnach sollst du auch essen und trinken?

9 Dankt er auch dem Knechte, daß er getan hat, was ihm befohlen war? Ich meine es nicht.

10 Also auch ihr; wenn ihr alles getan habt, was euch befohlen ist, so sprechet: Wir sind unnütze Knechte; wir haben getan, was wir zu tun schuldig waren.

11 Und es begab sich, da er reiste gen Jerusalem, zog er mitten durch Samarien und Galiläa.

12 Und als er in einen Markt kam, begegneten ihm zehn aussätzige Männer, die standen von ferne

13 und erhoben ihre Stimme und sprachen: Jesu, lieber Meister, erbarme dich unser!

14 Und da er sie sah, sprach er zu ihnen: Gehet hin und zeiget euch den Priestern! Und es geschah, da sie hingingen, wurden sie rein.

15 Einer aber unter ihnen, da er sah, daß er geheilt war, kehrte um und pries Gott mit lauter Stimme

16 und fiel auf sein Angesicht zu seinen Füßen und dankte ihm. Und das war ein Samariter.

17 Jesus aber antwortete und sprach: Sind ihrer nicht zehn rein geworden? Wo sind aber die neun?

18 Hat sich sonst keiner gefunden, der wieder umkehrte und gäbe Gott die Ehre, denn dieser Fremdling?

19 Und er sprach zu ihm: Stehe auf, gehe hin; dein Glaube hat dir geholfen.

20 Da er aber gefragt ward von den Pharisäern: Wann kommt das Reich Gottes? antwortete er ihnen und sprach: Das Reich Gottes kommt nicht mit äußerlichen Gebärden;

21 man wird auch nicht sagen: Siehe hier! oder: da ist es! Denn sehet, das Reich Gottes ist inwendig in euch.

22 Er sprach aber zu den Jüngern: Es

wird die Zeit kommen, daß ihr werdet begehren zu sehen einen Tag des Menschensohnes, und werdet ihn nicht sehen.

23 Und sie werden zu euch sagen: Siehe hier! siehe da! Gehet nicht hin und folget auch nicht.

24 Denn wie der Blitz oben vom Himmel blitzt und leuchtet über alles, was unter dem Himmel ist, also wird des Menschen Sohn an seinem Tage sein.

25 Zuvor aber muß er viel leiden und verworfen werden von diesem Geschlecht.

26 Und wie es geschah zu den Zeiten Noahs, so wird's auch geschehen in den Tagen des Menschensohnes:

27 sie aßen, sie tranken, sie freiten, sie ließen freien bis auf den Tag, da Noah in die Arche ging und die Sintflut kam und brachte sie alle um.

28 Desgleichen wie es geschah zu den Zeiten Lots: sie aßen, sie tranken, sie kauften, sie verkauften, sie pflanzten, sie bauten;

29 an dem Tage aber, da Lot aus Sodom ging, da regnete es Feuer und Schwefel

vom Himmel und brachte sie alle um.

30 Auf diese Weise wird's auch gehen an dem Tage, wenn des Menschen Sohn soll offenbart werden.

31 An dem Tage, wer auf dem Dach ist und sein Hausrat in dem Hause, der steige nicht hernieder, ihn zu holen. Desgleichen wer auf dem Felde ist, der wende nicht um nach dem was hinter ihm ist.

32 Gedenket an des Lot Weib!

33 Wer da sucht, seine Seele zu erhalten, der wird sie verlieren; und wer sie verlieren wird, der wird ihr zum Leben helfen.

34 Ich sage euch: In derselben Nacht werden zwei auf einem Bette liegen; einer wird angenommen, der andere wird verlassen werden.

35 Zwei werden mahlen miteinander; eine wird angenommen, die andere wird verlassen werden.

36 Zwei werden auf dem Felde sein; einer wird angenommen, der andere wird verlassen werden.

37 Und sie antworteten und sprachen zu ihm: HERR wo? Er aber sprach zu ihnen:

Wo das Aas ist, da sammeln sich auch die Adler.

18. Kapitel

Gleichnisse von der bitteren Witwe und vom betenden Pharisäer und Zöllner. Jesus ruft die Kindlein zu sich. Gefahren des Reichtums. Dritte Leidensverkündigung. Heilung eines Blinden.

1 Er sagte ihnen aber ein Gleichnis davon, daß man allezeit beten und nicht laß werden solle,

2 und sprach: Es war ein Richter in einer Stadt, der fürchtete sich nicht vor Gott und scheute sich vor keinem Menschen.

3 Es war aber eine Witwe in dieser Stadt, die kam zu ihm und sprach: Rette mich von meinem Widersacher!

4 Und er wollte lange nicht. Darnach aber dachte er bei sich selbst: Ob ich mich schon vor Gott nicht fürchte noch vor keinem Menschen scheue,

5 dieweil aber mir diese Witwe so viel Mühe macht, will ich sie retten, auf daß

sie nicht zuletzt komme und betäube mich.

6 Da sprach der HERR: Höret hier, was der ungerechte Richter sagt!

7 Sollte aber Gott nicht auch retten seine Auserwählten, die zu ihm Tag und Nacht rufen, und sollte er's mit ihnen verziehen?

8 Ich sage euch: Er wird sie erretten in einer Kürze. Doch wenn des Menschen Sohn kommen wird, meinst du, daß er auch werde Glauben finden auf Erden?

9 Er sagte aber zu etlichen, die sich selbst vermaßen, daß sie fromm wären, und verachteten die andern, ein solch Gleichnis:

10 Es gingen zwei Menschen hinauf in den Tempel, zu beten, einer ein Pharisäer, der andere ein Zöllner.

11 Der Pharisäer stand und betete bei sich selbst also: Ich danke dir, Gott, daß ich nicht bin wie die anderen Leute, Räuber, Ungerechte, Ehebrecher, oder auch wie dieser Zöllner.

12 Ich faste zweimal in der Woche und gebe den Zehnten von allem, was ich habe.

13 Und der Zöllner stand von ferne,

wollte auch seine Augen nicht aufheben gen Himmel, sondern schlug an seine Brust und sprach: Gott, sei mir Sünder gnädig!

14 Ich sage euch: Dieser ging hinab gerechtfertigt in sein Haus vor jenem. Denn wer sich selbst erhöht, der wird erniedrigt werden; und wer sich selbst erniedrigt, der wird erhöht werden.

15 Sie brachten auch junge Kindlein zu ihm, daß er sie anrühren sollte. Da es aber die Jünger sahen, bedrohten sie die.

16 Aber Jesus rief sie zu sich und sprach: Lasset die Kindlein zu mir kommen und wehret ihnen nicht; denn solcher ist das Reich Gottes.

17 Wahrlich ich sage euch: Wer nicht das Reich Gottes annimmt wie ein Kind, der wird nicht hineinkommen.

18 Und es fragte ihn ein Oberster und sprach: Guter Meister, was muß ich tun, daß ich das ewige Leben ererbe?

19 Jesus aber sprach zu ihm: Was heißest du mich gut? Niemand ist gut denn der einige Gott.

20 Du weißt die Gebote wohl: "Du sollst nicht ehebrechen; du sollst nicht töten; du

sollst nicht stehlen; du sollst nicht falsch Zeugnis reden; du sollst deinen Vater und deine Mutter ehren."

21 Er aber sprach: Das habe ich alles gehalten von meiner Jugend auf.

22 Da Jesus das hörte, sprach er zu ihm: Es fehlt dir noch eins. Verkaufe alles, was du hast, und gib's den Armen, so wirst du einen Schatz im Himmel haben; und komm, folge mir nach!

23 Da er aber das hörte, ward er traurig; denn er war sehr reich.

24 Da aber Jesus sah, daß er traurig war geworden, sprach er: Wie schwer werden die Reichen in das Reich Gottes kommen!

25 Es ist leichter, daß ein Kamel gehe durch ein Nadelöhr, denn daß ein Reicher in das Reich Gottes komme.

26 Da sprachen, die das hörten: Wer kann denn selig werden?

27 Er aber sprach: Was bei den Menschen unmöglich ist, das ist bei Gott möglich.

28 Da sprach Petrus: Siehe, wir haben alles verlassen und sind dir nachgefolgt.

29 Er aber sprach zu ihnen: Wahrlich ich

sage euch: Es ist niemand, der ein Haus verläßt oder Eltern oder Brüder oder Weib oder Kinder um des Reiches Gottes willen,

30 der es nicht vielfältig wieder empfange in dieser Zeit, und in der zukünftigen Welt das ewige Leben.

31 Er nahm aber zu sich die Zwölf und sprach zu ihnen: Sehet, wir gehen hinauf gen Jerusalem, und es wird alles vollendet werden, was geschrieben ist durch die Propheten von des Menschen Sohn.

32 Denn er wird überantwortet werden den Heiden; und er wird verspottet und geschmähet und verspeiet werden,

33 und sie werden ihn geißeln und töten; und am dritten Tage wird er wieder auferstehen.

34 Sie aber verstanden der keines, und die Rede war ihnen verborgen, und wußten nicht, was das Gesagte war.

35 Es geschah aber, da er nahe an Jericho kam, saß ein Blinder am Wege und bettelte.

36 Da er aber hörte das Volk, das hindurchging, forschte er, was das wäre.

37 Da verkündigten sie ihm, Jesus von Nazareth ginge vorüber.

38 Und er rief und sprach: Jesu, du Sohn Davids, erbarme dich mein!

39 Die aber vornean gingen, bedrohten ihn, er sollte schweigen. Er aber schrie viel mehr: Du Sohn Davids, erbarme dich mein!

40 Jesus aber stand still und hieß ihn zu sich führen. Da sie ihn aber nahe zu ihm brachten, fragte er ihn

41 und sprach: Was willst du, daß ich dir tun soll? Er sprach: HERR, daß ich sehen möge.

42 Und Jesus sprach zu ihm: Sei sehend! dein Glaube hat dir geholfen.

43 Und alsobald ward er sehend und folgte ihm nach und pries Gott. Und alles Volk, das solches sah, lobte Gott.

19. Kapitel

Zachäus. Gleichnis von den anvertrauten Pfunden. Jesus weint über Jerusalem und reinigt den Tempel.

1 Und er zog hinein und ging durch Jericho.

2 Und siehe, da war ein Mann, genannt Zachäus, der war ein Oberster der Zöllner und war reich.

3 Und er begehrte Jesum zu sehen, wer er wäre, und konnte nicht vor dem Volk; denn er war klein von Person.

4 Und er lief voraus und stieg auf einen Maulbeerbaum, auf daß er ihn sähe: denn allda sollte er durchkommen.

5 Und als Jesus kam an die Stätte, sah er auf und ward sein gewahr und sprach zu ihm: Zachäus, steig eilend hernieder; denn ich muß heute in deinem Hause einkehren!

6 Und er stieg eilend hernieder und nahm ihn auf mit Freuden.

7 Da sie das sahen, murrten sie alle, daß er bei einem Sünder einkehrte.

8 Zachäus aber trat dar und sprach zu

dem HERRN: Siehe, HERR, die Hälfte meiner Güter gebe ich den Armen, und so ich jemand betrogen habe, das gebe ich vierfältig wieder.

9 Jesus aber sprach zu ihm: Heute ist diesem Hause Heil widerfahren, sintemal er auch Abrahams Sohn ist.

10 Denn des Menschen Sohn ist gekommen, zu suchen und selig zu machen, das verloren ist.

11 Da sie nun zuhörten, sagte er weiter ein Gleichnis, darum daß er nahe bei Jerusalem war und sie meinten, das Reich Gottes sollte alsbald offenbart werden,

12 und sprach: Ein Edler zog ferne in ein Land, daß er ein Reich einnähme und dann wiederkäme.

13 Dieser forderte zehn seiner Knechte und gab ihnen zehn Pfund und sprach zu ihnen: Handelt, bis daß ich wiederkomme!

14 Seine Bürger aber waren ihm feind und schickten Botschaft ihm nach und ließen sagen: Wir wollen nicht, daß dieser über uns herrsche.

15 Und es begab sich, da er wiederkam, nachdem er das Reich eingenommen

hatte, hieß dieselben Knechte fordern, welchen er das Geld gegeben hatte, daß er wüßte, was ein jeglicher gehandelt hätte.

16 Da trat herzu der erste und sprach: Herr, dein Pfund hat zehn Pfund erworben.

17 Und er sprach zu ihm: Ei, du frommer Knecht, dieweil du bist im Geringsten treu gewesen, sollst du Macht haben über zehn Städte.

18 Der andere kam und sprach: Herr dein Pfund hat fünf Pfund getragen.

19 Zu dem sprach er auch: Du sollst sein über fünf Städte.

20 Und der dritte kam und sprach: Herr, siehe da, hier ist dein Pfund, welches ich habe im Schweißtuch behalten;

21 ich fürchtete mich vor dir, denn du bist ein harter Mann: du nimmst, was du nicht hingelegt hast, und erntest, was du nicht gesät hast.

22 Er sprach zu ihm: Aus deinem Munde richte ich dich, du Schalk. Wußtest Du, daß ich ein harter Mann bin, nehme, was ich nicht hingelegt habe, und ernte, was ich nicht gesät habe?

23 Warum hast du denn mein Geld nicht in die Wechselbank gegeben? Und wenn ich gekommen wäre, hätte ich's mit Zinsen erfordert.

24 Und er sprach zu denen, die dabeistanden: Nehmt das Pfund von ihm und gebt es dem, der zehn Pfund hat.

25 Und sie sprachen zu ihm: Herr, hat er doch zehn Pfund.

26 Ich sage euch aber: Wer da hat, dem wird gegeben werden; von dem aber, der nicht hat, wird auch das genommen werden, was er hat.

27 Doch jene meine Feinde, die nicht wollten, daß ich über sie herrschen sollte, bringet her und erwürget sie vor mir.

28 Und als er solches sagte, zog er fort und reiste hinauf gen Jerusalem.

29 Uns es begab sich, als er nahte gen Bethphage und Bethanien und kam an den Ölberg, sandte er seiner Jünger zwei

30 und sprach: Gehet hin in den Markt, der gegenüberliegt. Und wenn ihr hineinkommt, werdet ihr ein Füllen angebunden finden, auf welchem noch nie ein Mensch gesessen hat; löset es ab und bringet es!

31 Und so euch jemand fragt, warum ihr's ablöset, so sagt also zu ihm: Der HERR bedarf sein.

32 Und die Gesandten gingen hin und fanden, wie er ihnen gesagt hatte.

33 Da sie aber das Füllen ablösten, sprachen seine Herren zu ihnen: Warum löst ihr das Füllen ab?

34 Sie aber sprachen: Der HERR bedarf sein.

35 Und sie brachten's zu Jesu und warfen ihre Kleider auf das Füllen und setzten Jesum darauf.

36 Da er nun hinzog, breiteten sie ihre Kleider auf den Weg.

37 Und da er nahe hinzukam und zog den Ölberg herab, fing an der ganze Haufe seiner Jünger, fröhlich Gott zu loben mit lauter Stimme über alle Taten, die sie gesehen hatten,

38 und sprachen: Gelobt sei, der da kommt, ein König, in dem Namen des HERRN! Friede sei im Himmel und Ehre in der Höhe!

39 Und etliche der Pharisäer im Volk sprachen zu ihm: Meister, strafe doch deine Jünger!

40 Er antwortete und sprach zu ihnen: Ich sage euch: Wo diese werden schweigen, so werden die Steine schreien.

41 Und als er nahe hinzukam, sah er die Stadt an und weinte über sie

42 und sprach: Wenn doch auch du erkenntest zu dieser deiner Zeit, was zu deinem Frieden dient! Aber nun ist's vor deinen Augen verborgen.

43 Denn es wird die Zeit über dich kommen, daß deine Feinde werden um dich und deine Kinder mit dir eine Wagenburg schlagen, dich belagern und an allen Orten ängsten;

44 und werden dich schleifen und keinen Stein auf dem andern lassen, darum daß du nicht erkannt hast die Zeit, darin du heimgesucht bist.

45 Und er ging in den Tempel und fing an auszutreiben, die darin verkauften und kauften,

46 und er sprach zu ihnen: Es steht geschrieben: "Mein Haus ist ein Bethaus"; ihr aber habt's gemacht zur Mörder- grube.

47 Und er lehrte täglich im Tempel. Aber die Hohenpriester und Schriftgelehrten und die Vornehmsten im Volk trachteten ihm nach, wie sie ihn umbrächten;

48 und fanden nicht, wie sie ihm tun sollten, denn das Volk hing ihm an und hörte ihn.

20. Kapitel

Christi Verantwortung über sein Amt. Gleichnis von den bösen Weingärtnern. Vom Zinsgroschen und von der Auferstehung der Toten. Wessen Sohn ist Christus?

1 Und es begab sich an der Tage einem, da er das Volk lehrte im Tempel und predigte das Evangelium, da traten zu ihm die Hohenpriester und Schriftgelehrten mit den Ältesten

2 und sagten zu ihm und sprachen: Sage uns, aus was für Macht tust du das? oder wer hat dir die Macht gegeben?

3 Er aber antwortete und sprach zu ihnen: Ich will euch auch ein Wort fragen; saget mir's:

4 Die Taufe des Johannes, war sie vom Himmel oder von Menschen?

5 Sie aber gedachten bei sich selbst und sprachen: Sagen wir: Vom Himmel, so wird er sagen: Warum habt ihr ihm denn nicht geglaubt?

6 Sagen wir aber: Von Menschen, so wird uns das Volk steinigen; denn sie stehen darauf, daß Johannes ein Prophet sei.

7 Und sie antworteten, sie wüßten's nicht, wo sie her wäre.

8 Und Jesus sprach zu ihnen: So sage ich euch auch nicht, aus was für Macht ich das tue.

9 Er fing aber an, zu sagen dem Volk dies Gleichnis: Ein Mensch pflanzte einen Weinberg und tat ihn den Weingärtnern aus und zog über Land eine gute Zeit.

10 Und zu seiner Zeit sandte er einen Knecht zu den Weingärtnern, daß sie ihm gäben von der Frucht des Weinberges. Aber die Weingärtner stäupten ihn und ließen ihn leer von sich.

11 Und über das sandte er noch einen anderen Knecht; sie aber stäupten den

auch und höhnten ihn und ließen ihn leer von sich.

12 Und über das sandte er den dritten; sie aber verwundeten den auch und stießen ihn hinaus.

13 Da sprach der Herr des Weinberges: Was soll ich tun? Ich will meinen lieben Sohn senden; vielleicht, wenn sie den sehen, werden sie sich scheuen.

14 Da aber die Weingärtner den Sohn sahen, dachten sie bei sich selbst und sprachen: Das ist der Erbe; kommt, laßt uns ihn töten, daß das Erbe unser sei!

15 Und sie stießen ihn hinaus vor den Weinberg und töteten ihn. Was wird nun der Herr des Weinberges ihnen tun?

16 Er wird kommen und diese Weingärtner umbringen und seinen Weinberg andern austun. Da sie das hörten, sprachen sie: Das sei ferne!

17 Er aber sah sie an und sprach: Was ist denn das, was geschrieben steht: "Der Stein, den die Bauleute verworfen haben, ist zum Eckstein geworden"?

18 Wer auf diesen Stein fällt, der wird zerschellen; auf wen aber er fällt, den wird er zermalmen.

19 Und die Hohenpriester und Schriftgelehrten trachteten darnach, wie sie die Hände an ihn legten zu derselben Stunde; und fürchteten sich vor dem Volk, denn sie verstanden, daß er auf sie dies Gleichnis gesagt hatte.

20 Und sie stellten ihm nach und sandten Laurer aus, die sich stellen sollten, als wären sie fromm, auf daß sie ihn in der Rede fingen, damit sie ihn überantworten könnten der Obrigkeit und Gewalt des Landpflegers.

21 Und sie fragten ihn und sprachen: Meister, wir wissen, daß du aufrichtig redest und lehrest und achtest keines Menschen Ansehen, sondern du lehrest den Weg Gottes recht.

22 Ist's recht, daß wir dem Kaiser den Schoß geben, oder nicht?

23 Er aber merkte ihre List und sprach zu ihnen: Was versuchet ihr mich?

24 Zeiget mir den Groschen! Wes Bild und Überschrift hat er? Sie antworteten und sprachen: Des Kaisers.

25 Er aber sprach: So gebet dem Kaiser, was des Kaisers ist, und Gott, was Gottes ist!

26 Und sie konnten sein Wort nicht tadeln vor dem Volk und verwunderten sich seiner Antwort und schwiegen still.

27 Da traten zu ihm etliche der Sadduzäer, welche da halten, es sei kein Auferstehen, und fragten ihn

28 und sprachen: Meister, Mose hat uns geschrieben: So jemandes Bruder stirbt, der ein Weib hat, und stirbt kinderlos, so soll sein Bruder das Weib nehmen und seinem Bruder einen Samen erwecken.

29 Nun waren sieben Brüder. Der erste nahm ein Weib und starb kinderlos.

30 Und der andere nahm das Weib und starb auch kinderlos.

31 Und der dritte nahm sie. Desgleichen alle sieben und hinterließen keine Kinder und starben.

32 Zuletzt nach allen starb auch das Weib.

33 Nun in der Auferstehung, wes Weib wird sie sein unter denen? Denn alle sieben haben sie zum Weibe gehabt.

34 Und Jesus antwortete und sprach zu ihnen: Die Kinder dieser Welt freien und lassen sich freien;

35 welche aber würdig sein werden,

jene Welt zu erlangen und die Auferstehung von den Toten, die werden weder freien noch sich freien lassen.

36 Denn sie können hinfort nicht sterben; denn sie sind den Engeln gleich und Gottes Kinder, dieweil sie Kinder sind der Auferstehung.

37 Daß aber die Toten auferstehen, hat auch Mose gedeutet bei dem Busch, da er den HERRN heißt Gott Abrahams und Gott Isaaks und Gott Jakobs.

38 Gott aber ist nicht der Toten, sondern der Lebendigen Gott; denn sie leben ihm alle.

39 Da antworteten etliche der Schriftgelehrten und sprachen: Meister, du hast recht gesagt.

40 Und sie wagten ihn fürder nichts mehr zu fragen.

41 Er sprach aber zu ihnen: Wie sagen sie, Christus sei Davids Sohn?

42 Und er selbst, David, spricht im Psalmbuch: "Der HERR hat gesagt zu meinem HERRN: Setze dich zu meiner Rechten,

43 bis daß ich lege deine Feinde zum Schemel deiner Füße."

44 David nennt ihn einen HERRN; wie ist er denn sein Sohn?

45 Da aber alles Volk zuhörte, sprach er zu seinen Jüngern:

46 Hütet euch vor den Schriftgelehrten, die da wollen einhertreten in langen Kleidern und lassen sich gerne grüßen auf dem Markte und sitzen gern obenan in den Schulen und über Tisch;

47 sie fressen der Witwen Häuser und wenden lange Gebete vor. Die werden desto schwerere Verdammnis empfangen.

21. Kapitel

Scherflein der Witwe.
Rede Jesu von der Zerstörung Jerusalems und von seiner Zukunft.

1 Er sah aber auf und schaute die Reichen, wie sie ihre Opfer einlegten in den Gotteskasten.

2 Er sah aber auch eine arme Witwe, die legte zwei Scherflein ein.

3 Und er sprach: Wahrlich ich sage euch: Diese arme Witwe hat mehr denn sie alle eingelegt.

4 Denn diese alle haben aus ihrem Überfluß eingelegt zu dem Opfer Gottes; sie aber hat von ihrer Armut alle ihre Nahrung, die sie hatte, eingelegt.

5 Und da etliche sagten von dem Tempel, daß er geschmückt wäre mit feinen Steinen und Kleinoden, sprach er:

6 Es wird die Zeit kommen, in welcher von dem allem, was ihr sehet, nicht ein Stein auf dem andern gelassen wird, der nicht zerbrochen werde.

7 Sie fragten ihn aber und sprachen: Meister, wann soll das werden? und welches ist das Zeichen, wann das geschehen wird?

8 Er aber sprach: Sehet zu, lasset euch nicht verführen. Denn viele werden kommen in meinem Namen und sagen, ich sei es, und: "Die Zeit ist herbeigekommen." Folget ihnen nicht nach!

9 Wenn ihr aber hören werdet von Kriegen und Empörungen, so entsetzet euch nicht. Denn solches muß zuvor

geschehen; aber das Ende ist noch nicht so bald da.

10 Da sprach er zu ihnen: Ein Volk wird sich erheben wider das andere und ein Reich wider das andere,

11 und es werden geschehen große Erdbeben hin und wieder, teure Zeit und Pestilenz; auch werden Schrecknisse und große Zeichen am Himmel geschehen.

12 Aber vor diesem allem werden sie die Hände an euch legen und euch verfolgen und werden euch überantworten in ihre Schulen und Gefängnisse und vor Könige und Fürsten ziehen um meines Namens willen.

13 Das wird euch aber widerfahren zu einem Zeugnis.

14 So nehmet nun zu Herzen, daß ihr nicht sorget, wie ihr euch verantworten sollt.

15 Denn ich will euch Mund und Weisheit geben, welcher nicht sollen widersprechen können noch widerstehen alle eure Widersacher.

16 Ihr werdet aber überantwortet werden von den Eltern, Brüdern,

Gefreunden und Freunden; und sie werden euer etliche töten.

17 Und ihr werdet gehaßt sein von jedermann um meines Namens willen.

18 Und ein Haar von eurem Haupte soll nicht umkommen.

19 Fasset eure Seelen mit Geduld.

20 Wenn ihr aber sehen werdet Jerusalem belagert mit einem Heer, so merket daß herbeigekommen ist seine Verwüstung.

21 Alsdann, wer in Judäa ist, der fliehe auf das Gebirge, und wer drinnen ist, der weiche heraus, und wer auf dem Lande ist, der komme nicht hinein.

22 Denn das sind die Tage der Rache, daß erfüllet werde alles, was geschrieben ist.

23 Weh aber den Schwangern und Säugerinnen in jenen Tagen! Denn es wird große Not auf Erden sein und ein Zorn über dies Volk,

24 und sie werden fallen durch des Schwertes Schärfe und gefangen geführt werden unter alle Völker; und Jerusalem wird zertreten werden von den Heiden, bis daß der Heiden Zeit erfüllt wird.

25 Und es werden Zeichen geschehen an Sonne und Mond und Sternen; und auf Erden wird den Leuten bange sein, und sie werden zagen, und das Meer und die Wassermengen werden brausen,

26 und Menschen werden verschmachten vor Furcht und vor Warten der Dinge, die kommen sollen auf Erden; denn auch der Himmel Kräfte werden sich bewegen.

27 Und alsdann werden sie sehen des Menschen Sohn kommen in der Wolke mit großer Kraft und Herrlichkeit.

28 Wenn aber dieses anfängt zu geschehen, so sehet auf und erhebet eure Häupter, darum daß sich eure Erlösung naht.

29 Und er sagte ihnen ein Gleichnis: Sehet an den Feigenbaum und alle Bäume:

30 wenn sie jetzt ausschlagen, so sehet ihr's an ihnen und merket, daß jetzt der Sommer nahe ist.

31 Also auch ihr: wenn ihr dies alles sehet angehen, so wisset, daß das Reich Gottes nahe ist.

32 Wahrlich ich sage euch: Dies Geschlecht wird nicht vergehen, bis daß es alles geschehe.

33 Himmel und Erde werden vergehen; aber meine Worte vergehen nicht.

34 Hütet euch aber, daß eure Herzen nicht beschwert werden mit Fressen und Saufen und mit Sorgen der Nahrung und komme dieser Tag schnell über euch;

35 denn wie ein Fallstrick wird er kommen über alle, die auf Erden wohnen.

36 So seid nun wach allezeit und betet, daß ihr würdig werden möget, zu entfliehen diesem allem, das geschehen soll, und zu stehen vor des Menschen Sohn.

37 Und er lehrte des Tages im Tempel; des Nachts aber ging er hinaus und blieb über Nacht am Ölberge.

38 Und alles Volk machte sich früh auf zu ihm, im Tempel ihn zu hören.

22. Kapitel

*Verrat des Judas. Osterlamm und Abendmahl.
Der Jünger Ehrgeiz.
Leiden Jesu am Ölberg und vor Kaiphas.
Verleugnung des Petrus.*

1 Es war aber nahe das Fest der süßen Brote, das da Ostern heißt.

2 Und die Hohenpriester und Schriftgelehrten trachteten, wie sie ihn töteten; und fürchteten sich vor dem Volk.

3 Es war aber der Satanas gefahren in den Judas, genannt Ischariot, der da war aus der Zahl der Zwölf.

4 Und er ging hin und redete mit den Hohenpriestern und Hauptleuten, wie er ihn wollte ihnen überantworten.

5 Und sie wurden froh und gelobten ihm Geld zu geben.

6 Und er versprach es und suchte Gelegenheit, daß er ihn überantwortete ohne Lärmen.

7 Es kam nun der Tag der süßen Brote, an welchem man mußte opfern das Osterlamm.

8 Und er sandte Petrus und Johannes

und sprach: Gehet hin, bereitet uns das Osterlamm, auf daß wir's essen.

9 Sie aber sprachen zu ihm: Wo willst du, daß wir's bereiten?

10 Er sprach zu ihnen: Siehe, wenn ihr hineinkommt in die Stadt, wird euch ein Mensch begegnen, der trägt einen Wasserkrug; folget ihm nach in das Haus, da er hineingeht,

11 und saget zu dem Hausherrn: Der Meister läßt dir sagen: Wo ist die Herberge, darin ich das Osterlamm essen möge mit meinen Jüngern?

12 Und er wird euch einen großen Saal zeigen, der mit Polstern versehen ist; daselbst bereitet es.

13 Sie gingen hin und fanden, wie er ihnen gesagt hatte, und bereiteten das Osterlamm.

14 Und da die Stunde kam, setzte er sich nieder und die zwölf Apostel mit ihm.

15 Und er sprach zu ihnen: Mich hat herzlich verlangt, dies Osterlamm mit euch zu essen, ehe denn ich leide.

16 Denn ich sage euch, daß ich hinfort nicht mehr davon essen werde, bis daß es erfüllet werde im Reich Gottes.

17 Und er nahm den Kelch, dankte und sprach: Nehmet ihn und teilet ihn unter euch;

18 denn ich sage euch: Ich werde nicht trinken von dem Gewächs des Weinstocks, bis das Reich Gottes komme.

19 Und er nahm das Brot, dankte und brach's und gab's ihnen und sprach: Das ist mein Leib, der für euch gegeben wird; das tut zu meinem Gedächtnis.

20 Desgleichen auch den Kelch, nach dem Abendmahl, und sprach: Das ist der Kelch, das neue Testament in meinem Blut, das für euch vergossen wird.

21 Doch siehe, die Hand meines Verräters ist mit mir über Tische.

22 Denn des Menschen Sohn geht zwar hin, wie es beschlossen ist; doch weh dem Menschen, durch welchen er verraten wird!

23 Und sie fingen an, zu fragen unter sich selbst, welcher es doch wäre unter ihnen, der das tun würde.

24 Es erhob sich auch ein Zank unter ihnen, welcher unter ihnen sollte für den Größten gehalten werden.

25 Er aber sprach zu ihnen: Die weltlichen Könige herrschen, und die Gewaltigen heißt man gnädige Herren.

26 Ihr aber nicht also! Sondern der Größte unter euch soll sein wie der Jüngste, und der Vornehmste wie ein Diener.

27 Denn welcher ist größer: Der zu Tische sitzt oder der da dient? Ist's nicht also, daß der zu Tische sitzt! Ich aber bin unter euch wie ein Diener.

28 Ihr aber seid's, die ihr beharrt habt bei mir in meinen Anfechtungen.

29 Und ich will euch das Reich bescheiden, wie mir's mein Vater beschieden hat,

30 daß ihr essen und trinken sollt an meinem Tische in meinem Reich und sitzen auf Stühlen und richten die zwölf Geschlechter Israels.

31 Der HERR aber sprach: Simon, Simon, siehe, der Satanas hat euer begehrt, daß er euch möchte sichten wie den Weizen;

32 ich aber habe für dich gebeten, daß dein Glaube nicht aufhöre. Und wenn du dermaleinst dich bekehrst, so stärke deine Brüder. [Ich aber habe für dich

gebetet, dass dein Glaube nicht aufhört. Und wenn du einst zurückgekehrt bist, so stärke deine Brüder! (5)]

33 Er sprach aber zu ihm: HERR, ich bin bereit, mit dir ins Gefängnis und in den Tod zu gehen.

34 Er aber sprach: Petrus, ich sage dir: Der Hahn wird heute nicht krähen, ehe denn du dreimal verleugnet hast, daß du mich kennest.

35 Und er sprach zu ihnen: So oft ich euch ausgesandt habe ohne Beutel, ohne Tasche und ohne Schuhe, habt ihr auch je Mangel gehabt? Sie sprachen: Niemals.

36 Da sprach er zu ihnen: Aber nun, wer einen Beutel hat, der nehme ihn, desgleichen auch die Tasche; wer aber nichts hat, verkaufe sein Kleid und kaufe ein Schwert.

37 Denn ich sage euch: Es muß noch das auch vollendet werden an mir, was geschrieben steht: "Er ist unter die Übeltäter gerechnet." Denn was von mir geschrieben ist, das hat ein Ende.

38 Sie sprachen aber: HERR, siehe, hier sind zwei Schwerter. Er aber sprach zu ihnen: Es ist genug.

39 Und er ging hinaus nach seiner Gewohnheit an den Ölberg. Es folgten ihm aber seine Jünger nach an den Ort.

40 Und als er dahin kam, sprach er zu ihnen: Betet, auf daß ihr nicht in Anfechtung fallet!

41 Und er riß sich von ihnen einen Steinwurf weit und kniete nieder, betete

42 und sprach: Vater, willst du, so nehme diesen Kelch von mir, doch nicht mein, sondern dein Wille geschehe!

43 Es erschien ihm aber ein Engel vom Himmel und stärkte ihn.

44 Und es kam, daß er mit dem Tode rang und betete heftiger. Es ward aber sein Schweiß wie Blutstropfen, die fielen auf die Erde.

45 Und er stand auf von dem Gebet und kam zu seinen Jüngern und fand sie schlafen vor Traurigkeit

46 und sprach zu ihnen: Was schlafet ihr? Stehet auf und betet, auf das ihr nicht in Anfechtung fallet!

47 Da er aber noch redete, siehe, da kam die Schar; und einer von den Zwölfen, genannt Judas, ging vor ihnen her und nahte sich zu Jesu, ihn zu küssen.

48 Jesus aber sprach zu ihm: Judas, verrätst du des Menschen Sohn mit einem Kuß?

49 Da aber sahen, die um ihn waren, was da werden wollte, sprachen sie zu ihm: HERR, sollen wir mit dem Schwert drein schlagen?

50 Und einer aus ihnen schlug des Hohenpriesters Knecht und hieb ihm sein rechtes Ohr ab.

51 Jesus aber antwortete und sprach: Lasset sie doch so machen! Und er rührte sein Ohr an und heilte ihn.

52 Jesus aber sprach zu den Hohenpriestern und Hauptleuten des Tempels und den Ältesten, die über ihn gekommen waren: Ihr seid, wie zu einem Mörder, mit Schwertern und mit Stangen ausgegangen.

53 Ich bin täglich bei euch im Tempel gewesen, und ihr habt keine Hand an mich gelegt; aber dies ist eure Stunde und die Macht der Finsternis.

54 Sie griffen ihn aber und führten ihn hin und brachten ihn in des Hohenpriesters Haus. Petrus aber folgte von ferne.

55 Da zündeten sie ein Feuer an mitten im Hof und setzten sich zusammen; und Petrus setzte sich unter sie.

56 Da sah ihn eine Magd sitzen bei dem Licht und sah genau auf ihn und sprach: Dieser war auch mit ihm.

57 Er aber verleugnete ihn und sprach: Weib, ich kenne ihn nicht.

58 Und über eine kleine Weile sah ihn ein anderer und sprach: Du bist auch deren einer. Petrus aber sprach: Mensch ich bin's nicht.

59 Und über eine Weile, bei einer Stunde, bekräftigte es ein anderer und sprach: Wahrlich dieser war auch mit ihm; denn er ist ein Galiläer.

60 Petrus aber sprach: Mensch, ich weiß nicht, was du sagst. Und alsbald, als er noch redete, krähte der Hahn.

61 Und der HERR wandte sich um und sah Petrus an. Und Petrus gedachte an des HERRN Wort, wie er zu ihm gesagt hatte: Ehe denn der Hahn kräht, wirst du mich dreimal verleugnen.

62 Und Petrus ging hinaus und weinte bitterlich.

63 Die Männer aber, die Jesum hielten,

verspotteten ihn und schlugen ihn,

64 verdeckten ihn und schlugen ihn ins Angesicht und fragten ihn und sprachen: Weissage, wer ist's, der dich schlug?

65 Und viele andere Lästerungen sagten sie wider ihn.

66 Und als es Tag ward, sammelten sich die Ältesten des Volks, die Hohenpriester und Schriftgelehrten und führten ihn hinauf vor ihren Rat

67 und sprachen: Bist du Christus, sage es uns! Er aber sprach zu ihnen: Sage ich's euch, so glaubt ihr's nicht;

68 frage ich aber, so antwortet ihr nicht und laßt mich doch nicht los.

69 Darum von nun an wird des Menschen Sohn sitzen zur rechten Hand der Kraft Gottes.

70 Da sprachen sie alle: Bist du denn Gottes Sohn? Er aber sprach zu ihnen: Ihr sagt es, denn ich bin's.

71 Sie aber sprachen: Was bedürfen wir weiteres Zeugnis? Wir haben's selbst gehört aus seinem Munde.

23. Kapitel

Christi Leiden und Schmach vor Pilatus und Herodes. Verurteilung, Kreuzigung, Tod und Begräbnis.

1 Und der ganze Haufe stand auf, und sie führten ihn vor Pilatus

2 und fingen an, ihn zu verklagen, und sprachen: Diesen finden wir, daß er das Volk abwendet und verbietet, den Schoß dem Kaiser zu geben, und spricht, er sei ein König.

3 Pilatus aber fragte ihn und sprach: Bist du der Juden König? Er antwortete und sprach: Du sagst es.

4 Pilatus sprach zu den Hohenpriestern und zum Volk: Ich finde keine Ursache an diesem Menschen.

5 Sie aber hielten an und sprachen: Er hat das Volk erregt damit, daß er gelehrt hat hin und her im ganzen jüdischen Lande und hat in Galiläa angefangen bis hierher.

6 Da aber Pilatus Galiläa hörte, fragte er, ob er aus Galiläa wäre.

7 Und als er vernahm, daß er unter des

Herodes Obrigkeit gehörte, übersandte er ihn zu Herodes, welcher in den Tagen auch zu Jerusalem war.

8 Da aber Herodes Jesum sah, ward er sehr froh; denn er hätte ihn längst gern gesehen, denn er hatte viel von ihm gehört, und hoffte, er würde ein Zeichen von ihm sehen.

9 Und er fragte ihn mancherlei; er antwortete ihm aber nichts.

10 Die Hohenpriester aber und Schriftgelehrten standen und verklagten ihn hart.

11 Aber Herodes mit seinem Hofgesinde verachtete und verspottete ihn, legte ihm ein weißes Kleid an und sandte ihn wieder zu Pilatus.

12 Auf den Tag wurden Pilatus und Herodes Freunde miteinander; denn zuvor waren sie einander feind.

13 Pilatus aber rief die Hohenpriester und die Obersten und das Volk zusammen

14 und sprach zu ihnen: Ihr habt diesen Menschen zu mir gebracht, als der das Volk abwende, und siehe, ich habe ihn vor euch verhört und finde an dem

Menschen der Sache keine, deren ihr ihn beschuldiget;

15 Herodes auch nicht, denn ich habe euch zu ihm gesandt, und siehe, man hat nichts auf ihn gebracht, das des Todes wert sei.

16 Darum will ich ihn züchtigen und loslassen.

17 (Denn er mußte ihnen einen nach der Gewohnheit des Festes losgeben.)

18 Da schrie der ganze Haufe und sprach: Hinweg mit diesem und gib uns Barabbas los!

19 (welcher war um eines Aufruhrs, so in der Stadt geschehen war, und um eines Mordes willen ins Gefängnis geworfen.)

20 Da rief Pilatus abermals ihnen zu und wollte Jesum loslassen.

21 Sie riefen aber und sprachen: Kreuzige, kreuzige ihn!

22 Er aber sprach zum drittenmal zu ihnen: Was hat denn dieser Übles getan? Ich finde keine Ursache des Todes an ihm; darum will ich ihn züchtigen und loslassen.

23 Aber sie lagen ihm an mit großem Geschrei und forderten, daß er

gekreuzigt würde. Und ihr und der Hohenpriester Geschrei nahm überhand.

24 Pilatus aber urteilte, daß ihre Bitte geschähe,

25 und ließ den los, der um Aufruhrs und Mordes willen war ins Gefängnis geworfen, um welchen sie baten; aber Jesum übergab er ihrem Willen.

26 Und als sie ihn hinführten, ergriffen sie einen, Simon von Kyrene, der kam vom Felde, und legten das Kreuz auf ihn, daß er's Jesu nachtrüge.

27 Es folgte ihm aber nach ein großer Haufe Volks und Weiber, die beklagten und beweinten ihn.

28 Jesus aber wandte sich um zu ihnen und sprach: Ihr Töchter von Jerusalem, weinet nicht über mich, sondern weinet über euch selbst und über eure Kinder.

29 Denn siehe, es wird die Zeit kommen, in welcher man sagen wird: Selig sind die Unfruchtbaren und die Leiber, die nicht geboren haben, und die Brüste, die nicht gesäugt haben!

30 Dann werden sie anfangen, zu sagen zu den Bergen: Fallet über uns! und zu den Hügeln: Decket uns!

31 Denn so man das tut am grünen Holz, was will am dürren werden?

32 Es wurden aber auch hingeführt zwei andere, Übeltäter, daß sie mit ihm abgetan würden.

33 Und als sie kamen an die Stätte, die da heißt Schädelstätte, kreuzigten sie ihn daselbst und die Übeltäter mit ihm, einen zur Rechten und einen zur Linken.

34 Jesus aber sprach: Vater, vergib ihnen sie wissen nicht, was sie tun! Und sie teilten seine Kleider und warfen das Los darum.

35 Und das Volk stand und sah zu. Und die Obersten samt ihnen spotteten sein und sprachen: Er hat anderen geholfen; er helfe sich selber, ist er Christus, der Auserwählte Gottes.

36 Es verspotteten ihn auch die Kriegsknechte, traten zu ihm und brachten ihm Essig

37 und sprachen: Bist du der Juden König, so helf dir selber!

38 Es war aber auch oben über ihm geschrieben die Überschrift mit griechischen und lateinischen und hebräischen Buchstaben: Dies ist der Juden

König.

39 Aber der Übeltäter einer, die da gehenkt waren, lästerte ihn und sprach: Bist du Christus, so hilf dir selber und uns!

40 Da antwortete der andere, strafte ihn und sprach: Und du fürchtest dich auch nicht vor Gott, der du doch in gleicher Verdammnis bist?

41 Und wir zwar sind billig darin, denn wir empfangen, was unsere Taten wert sind; dieser aber hat nichts Ungeschicktes getan.

42 Und er sprach zu Jesu: HERR, gedenke an mich, wenn du in dein Reich kommst!

43 Und Jesus sprach zu ihm: Wahrlich ich sage dir: Heute wirst du mit mir im Paradiese sein.

44 Und es war um die sechste Stunde, und es ward eine Finsternis über das ganze Land bis an die neunte Stunde,

45 und die Sonne verlor ihren Schein, und der Vorhang des Tempels zerriß mitten entzwei.

46 Und Jesus rief laut und sprach: Vater, ich befehle meinen Geist in deine Hände! Und als er das gesagt, verschied er.

47 Da aber der Hauptmann sah, was da geschah, pries er Gott und sprach: Fürwahr, dieser ist ein frommer Mensch gewesen!

48 Und alles Volk, das dabei war und zusah, da sie sahen, was da geschah, schlugen sich an ihre Brust und wandten wieder um.

49 Es standen aber alle seine Bekannten von ferne und die Weiber, die ihm aus Galiläa waren nachgefolgt, und sahen das alles.

50 Und siehe, ein Mann mit Namen Joseph, ein Ratsherr, der war ein guter, frommer Mann

51 und hatte nicht gewilligt in ihren Rat und Handel. Er war von Arimathia, der Stadt der Juden, einer, der auch auf das Reich Gottes wartete.

52 Der ging zu Pilatus und bat um den Leib Jesu;

53 und nahm ihn ab, wickelte ihn in Leinwand und legte ihn in ein gehauenes Grab, darin niemand je gelegen hatte.

54 Und es war der Rüsttag, und der Sabbat brach an.

55 Es folgten aber die Weiber nach, die

mit ihm gekommen waren aus Galiläa, und beschauten das Grab und wie sein Leib gelegt ward.

56 Sie kehrten aber um und bereiteten Spezerei und Salben. Und den Sabbat über waren sie still nach dem Gesetz.

24. Kapitel

Auferstehung Christi. Er erscheint den Jüngern, die nach Emmaus gehen, und hierauf den Aposteln. Seine Himmelfahrt.

1 Aber am ersten Tage der Woche sehr früh kamen sie zum Grabe und trugen die Spezerei, die sie bereitet hatten, und etliche mit ihnen.

2 Sie fanden aber den Stein abgewälzt von dem Grabe

3 und gingen hinein und fanden den Leib des HERRN Jesu nicht.

4 Und da sie darum bekümmert waren, siehe, da traten zu ihnen zwei Männer mit glänzenden Kleidern.

5 Und sie erschraken und schlugen ihre Angesichter nieder zur Erde. Da

sprachen die zu ihnen: Was suchet ihr den Lebendigen bei den Toten?

6 Er ist nicht hier; er ist auferstanden. Gedenket daran, wie er euch sagte, da er noch in Galiläa war

7 und sprach: Des Menschen Sohn muß überantwortet werden in die Hände der Sünder und gekreuzigt werden und am dritten Tage auferstehen.

8 Und sie gedachten an seine Worte.

9 Und sie gingen wieder vom Grabe und verkündigten das alles den Elfen und den andern allen.

10 Es war aber Maria Magdalena und Johanna und Maria, des Jakobus Mutter, und andere mit ihnen, die solches den Aposteln sagten.

11 Und es deuchten sie ihre Worte eben, als wären's Märlein, und sie glaubten ihnen nicht.

12 Petrus aber stand auf und lief zum Grabe und bückte sich hinein und sah die leinenen Tücher allein liegen; und ging davon, und es nahm ihn wunder, wie es zuginge.

13 Und siehe, zwei aus ihnen gingen an demselben Tage in einen Flecken, der

war von Jerusalem sechzig Feld Wegs weit; des Name heißt Emmaus.

14 Und sie redeten miteinander von allen diesen Geschichten.

15 Und es geschah, da sie so redeten und befragten sich miteinander, nahte sich Jesus zu ihnen und wandelte mit ihnen.

16 Aber ihre Augen wurden gehalten, daß sie ihn nicht kannten.

17 Er sprach aber zu ihnen: Was sind das für Reden, die ihr zwischen euch handelt unterwegs, und seid traurig?

18 Da antwortete einer mit Namen Kleophas und sprach zu ihm: Bist du allein unter den Fremdlingen zu Jerusalem, der nicht wisse, was in diesen Tagen darin geschehen ist?

19 Und er sprach zu ihnen: Welches? Sie aber sprachen zu ihm: Das von Jesus von Nazareth, welcher war ein Prophet mächtig von Taten und Worten vor Gott und allem Volk;

20 wie ihn unsre Hohenpriester und Obersten überantwortet haben zur Verdammnis des Todes und gekreuzigt.

21 Wir aber hofften, er sollte Israel erlösen. Und über das alles ist heute der dritte Tag, daß solches geschehen ist.

22 Auch haben uns erschreckt etliche Weiber der Unsern; die sind früh bei dem Grabe gewesen,

23 haben seinen Leib nicht gefunden, kommen und sagen, sie haben ein Gesicht der Engel gesehen, welche sagen, er lebe.

24 Und etliche unter uns gingen hin zum Grabe und fanden's also, wie die Weiber sagten; aber ihn sahen sie nicht.

25 Und er sprach zu ihnen: O ihr Toren und träges Herzens, zu glauben alle dem, was die Propheten geredet haben!

26 Mußte nicht Christus solches leiden und zu seiner Herrlichkeit eingehen?

27 Und fing an von Mose und allen Propheten und legte ihnen alle Schriften aus, die von ihm gesagt waren.

28 Und sie kamen nahe zum Flecken, da sie hineingingen; und er stellte sich, als wollte er weiter gehen.

29 Und sie nötigten ihn und sprachen: Bleibe bei uns; denn es will Abend

werden, und der Tag hat sich geneigt. Und er ging hinein, bei ihnen zu bleiben.

30 Und es geschah, da er mit ihnen zu Tische saß, nahm er das Brot, dankte, brach's und gab's ihnen.

31 Da wurden ihre Augen geöffnet, und sie erkannten ihn. Und er verschwand vor ihnen.

32 Und sie sprachen untereinander: Brannte nicht unser Herz in uns, da er mit uns redete auf dem Wege, als er uns die Schrift öffnete?

33 Und sie standen auf zu derselben Stunde, kehrten wieder gen Jerusalem und fanden die Elf versammelt und die bei ihnen waren,

34 welche sprachen: Der HERR ist wahrhaftig auferstanden und Simon erschienen.

35 Und sie erzählten ihnen, was auf dem Wege geschehen war und wie er von ihnen erkannt wäre an dem, da er das Brot brach.

36 Da sie aber davon redeten, trat er selbst, Jesus, mitten unter sie und sprach: Friede sei mit euch!

37 Sie erschraken aber und fürchteten sich, meinten, sie sähen einen Geist.

38 Und er sprach zu ihnen: Was seid ihr so erschrocken, und warum kommen solche Gedanken in euer Herz?

39 Sehet meine Hände und meine Füße: ich bin's selber. Fühlet mich an und sehet; denn ein Geist hat nicht Fleisch und Bein, wie ihr sehet, daß ich habe.

40 Und da er das sagte, zeigte er ihnen Hände und Füße.

41 Da sie aber noch nicht glaubten, vor Freuden und sich verwunderten, sprach er zu ihnen: Habt ihr etwas zu essen?

42 Und sie legten ihm vor ein Stück von gebratenem Fisch und Honigseim.

43 Und er nahm's und aß vor ihnen.

44 Er sprach aber zu ihnen: Das sind die Reden, die ich zu euch sagte, da ich noch bei euch war; denn es muß alles erfüllet werden, was von mir geschrieben ist im Gesetz Mose's, in den Propheten und in den Psalmen.

45 Da öffnete er ihnen das Verständnis, daß sie die Schrift verstanden,

46 und er sprach zu ihnen: Also ist's geschrieben, und also mußte Christus

leiden und auferstehen von den Toten am dritten Tage

47 und predigen lassen in seinem Namen Buße und Vergebung der Sünden unter allen Völkern und anheben zu Jerusalem.

48 Ihr aber seid des alles Zeugen.

49 Und siehe, ich will auf euch senden die Verheißung meines Vaters. Ihr aber sollt in der Stadt Jerusalem bleiben, bis ihr angetan werdet mit der Kraft aus der Höhe.

50 Er führte sie aber hinaus bis gen Bethanien und hob die Hände auf und segnete sie.

51 Und es geschah, da er sie segnete, schied er von ihnen und fuhr auf gen Himmel.

52 Sie aber beteten ihn an und kehrten wieder gen Jerusalem mit großer Freude

53 und waren allewege im Tempel, priesen und lobten Gott.

Anhang und Register

Anhang und Register

A)

"Bei der Verteidigung der Lehre der ewigen Verdammnis wird gerne darauf hingewiesen, dass in der Bibel aber doch von ewigen Strafen die Rede sei. Auch wenn es in der vielstimmigen Bibel Stellen geben mag, in denen wirklich von einer unendlichen Höllenstrafe die Rede sein sollte, wurde doch noch immer zu wenig bedacht, dass das hebräische Wort *olam* im Alten Testament und das entsprechende griechische Wort *aion, aionios* im Neuen Testament, das wir in der Nachfolge Luthers im Deutschen gewöhnlich mit *Ewigkeit, ewig* im Sinne einer abstrakten, unbegrenzten Zeitdauer übersetzen, in den Ursprachen der Bibel eine durchaus andere, differenziertere, vielfältige, geschichtlich gefülltere Bedeutung hat. *Olam* hat die Grundbedeutung von *fernste Zeit* im Blick auf die Vergangenheit oder Zukunft, bzw. auf beide. Die Bedeutung *ewig* wohnt dem Wort *olam* nicht als solchem inne, sie ergibt sich erst aus der Beziehung, in die sein eigentlicher Sinn durch das bestimmende

Hauptwort oder ein Verhältniswort (Präposition) gebracht wird. Der Begriff kann u.a. auch eine längere, begrenzte Zeit bedeuten, die verschieden lang sein kann, je nachdem ob es sich um geschichtliche Vorgänge oder Einrichtungen, um einzelne Menschen (z.B. 2. Mose 21, 6 oder 1. Samuel 1, 22), Völker oder die ganze Menschheit oder auch um Gott handelt.

Besonders der Begriff *aion* im Neuen Testament bedeutet neben Ewigkeit vor allem auch Zeit, Zeitraum, Lebenszeit, die graue Vorzeit, Vergangenheit, Gegenwart, Generation, Zeitalter, Weltalter, Epoche oder - wie unser entlehntes Wort - *Äon*, ja sogar Welt oder eine geistige Weltmacht. Diesen wichtigen Bedeutungsunterschied vor allem zwischen abstrakter Ewigkeit und geschichtlich gefüllter Zeit erkennt man sogar noch in der deutschen Übersetzung von Stellen, wo es heißt *'von Ewigkeit zu Ewigkeit'*, oder *'in alle Ewigkeit'*, was ja an sich keinen Sinn hat, wenn das Wort, das wir mit Ewigkeit wiedergeben, sowieso schon eine unbegrenzte Zeit bezeichnen würde.

Wenn im Blick auf Gott oder Christus wirklich die unbegrenzte Ewigkeit gemeint ist, dann begegnet gerade im Griechischen gerne die Mehrzahl von *aion*, etwa in der Fomulierung *'bis zu den Äonen der Äonen'*. Epheser 2, 7 bezeugt, dass Gott *in den kommenden Zeiten* (griechisch *en tois aiosin tois eperchomenois*) den überfließenden Reichtum seiner Gnade erweisen wolle. Auch hier wäre eine Übersetzung mit *in den kommenden Ewigkeiten* unsachgemäß. In Hebräer 9, 26 ist im Blick auf die eschatologisch verstandene Gegenwart vom *Ende der Zeiten (synteleia ton aionon)* die Rede, worin der geschichtlich gefüllte und zeitlich begrenzte Aspekt des Begriffes *aion* deutlich zum Ausdruck kommt, denn ein *Ende der Ewigkeit* wäre ja ein Widerspruch in sich.

Darum ist es kein Argument für die Ewigkeit der Höllenstrafen, wenn man mit Matthäus 25, 46 darauf hinweist, dass *ewig (aionios)* dort, wenn es auf das ewige Leben bezogen ewig bedeutet, auch *ewig* bedeuten <u>muss,</u> wenn es in demselben Satz auf die Strafe bezogen wird. Man übersieht dabei, dass sich *aionios* zum einen

- auf das *unendliche Leben im Reiche Gottes* bezieht, das eben mit Gott in Christus wirklich ewig ist;

- und zum anderen auf die Strafe bzw. jenes Feuer, das wohl für uns Menschen auf unabsehbare Zeiten hinaus und insofern *aion* bestehen wird, das aber mit der Hölle und dem Tod verschwinden wird.

Strafe und Feuer sind in der Zeit entstanden und ihr Ende und ihre Vernichtung sind angekündigt (1. Korinther 15, 26) und werden kommen, nachdem der Tod - nämlich die uns von Gott trennende Sünde - durch Christi Erlösungswerk grundsätzlich bereits in einem Sieg aufgegangen ist (1. Korinther 15, 54). Die Bedeutung von *aionios* hängt also von dem Gegenstand ab, auf den es sich bezieht."

(Professors für Theologie, Till Arend Mohr, aus dem Buch *Kehret zurück ihr Menschenkinder* unter dem Kapitel *Das universale Heil als Ziel des göttlichen Heilsplans*)

***

B) Der katholische Geistliche Johannes Greber schreibt dazu:

"Man beruft sich auf die Bibel, um den Beweis für die Ewigkeit der Höllenstrafen zu erbringen. Man klammert sich an das Wort *ewig*, das in den Übersetzungen des Neues Testaments in Verbindung mit den jenseitigen Strafen gebraucht wird. Aber wie lautet das Wort, das mit *ewig* übersetzt wurde, im griechischen Urtext? Denn nicht auf die Übersetzung kommt es an, sondern auf den Sinn des Wortes, das im Urtext steht. Hier findet sich das Wort *Aeon*. Damit wird ein großer Zeitraum bezeichnet. Im griechischen bedeutet das Wort *Aeon* nicht *Ewigkeit* oder bezeichnet den Begriff des *Ewigen*. Es hat nur die Bedeutung eines Zeitraumes von bestimmter Dauer. Das Altertum, das Mittelalter, die Neuzeit ist ein *Aeon*. Nach Anschauung der Römer war ein *Aeon* ein Zeitraum von 100 Jahren.

Ein *Aeon* ist also eine Zeitdauer, deren Grenzen mal näher zusammen - mal weiter auseinanderliegen. Sogar ein Menschenalter wird manchmal mit dem Wort *Aeon* wiedergegeben. Aber niemals kann damit eine nie endende Zeitperiode ausgedrückt werden. Daher kann das Wort *Aeon* niemals mit *Ewigkeit* oder *ewig* übersetzt werden, sondern man muß dafür die Bezeichnung *Zeit* und *zeitlich* gebrauchen.

Anmerkung: Dort, wo von Strafe die Rede ist, haben die Übersetzer *immer* das Wort *ewig* gebraucht. Daran merkt man deutlich, daß die Übersetzungen unter dem Einfluß christlicher Religionen stehen, die eine ewige Höllenstrafe lehren."

(Aus: Der Verkehr mit der Geisterwelt Gottes, seine Gesetze und sein Zweck)

Diese Anmerkungen erheben keinen Anspruch auf die alleinige Wahrheit, sondern sollen vor allem zum eigenen und weiteren Bibelstudium anregen. Zu diesem Thema gibt es unterschiedliche Auffassungen.

***

Anhang und Register

Angemerkt sei an dieser Stelle, dass sich die kirchliche Lehrtradition mit der Verurteilung der Lehre von der Apokatastasis panton (Wiederherstellung aller Dinge, dem universalen Heil) auf der Synode von Konstantinopel 553 unter Justinian und mit der Ablehnung durch die reformatorische Augsburger Konfession von 1530 (Art. XVII) für den doppelten Ausgang der Weltgeschichte mit der Errettung der kleinen Schar Gläubiger und der ewigen Verdammnis der großen Mehrheit der Ungläubigen und Teufel *entschieden hat,* auch wenn dies so im Urtext der Bibel nicht steht. Insbesondere die Lehre vom universalen Heil als letztem Ziel des göttlichen Heilsplanes wurde damit schlicht verworfen.

Till Arend Mohr, Kehret zurück ihr Menschenkinder!

Anhang und Register

Register:

(1) Übersetzungsalternative nach Urtext, vergl. Bibelübersetzungen: Menge, aber auch Elberfelder, Neue Züricher Bibel u.a.

(2) Übersetzungsalternative nach Urtext, vergl. Bibelübersetzungen: Menge, aber auch Elberfelder, Neue Züricher Bibel u.a., siehe auch: Johannes Greber, Der Verkehr mit der Geisterwelt Gottes und andere Auslegungen anderer Gelehrter

(3) Übersetzungsalternative nach Urtext, vergl. Bibelübersetzungen: Menge, aber auch Elberfelder, Neue Züricher Bibel u.a., siehe auch: Johannes Greber, Der Verkehr mit der Geisterwelt Gottes und andere Auslegungen anderer Gelehrter

(4) Jean-Yves Leloup, Das Evangelium der Maria Magdalena

(5) Elberfelder Bibel

***

Diese Anmerkungen erheben keinen Anspruch auf die alleinige Wahrheit, sondern sollen vor allem zum eigenen und weiteren Bibelstudium anregen. Zu diesem Thema gibt es unterschiedliche Auffassungen.

***

Anhang und Register